Jürgen Schlieszeit
Erfolg mit Multimedia

Jürgen Schlieszeit

Erfolg mit Multimedia

99 Profitips für den Einsatz neuer Medien im Unternehmen

Die Deutsche Bibliothek – CIP-Einheitsaufnahme

Schlieszeit, Jürgen:
Erfolg mit Multimedia: 99 Profitips für den Einsatz
neuer Medien im Unternehmen / Jürgen Schlieszeit. –
Wiesbaden: Betriebswirtschaftlicher Verl. Gabler, 1997
  ISBN 978-3-322-91327-2   ISBN 978-3-322-91326-5 (eBook)
  DOI 10.1007/978-3-322-91326-5

Der Gabler Verlag ist ein Unternehmen der Bertelsmann Fachinformation GmbH.

Alle Rechte vorbehalten
© Betriebswirtschaftlicher Verlag Dr. Th. Gabler GmbH, Wiesbaden 1997
Softcover reprint of the hardcover 1st edition 1997
Lektorat: Jens Schadendorf

Das Werk einschließlich aller seiner Teile ist urheberrechtlich geschützt. Jede Verwertung außerhalb der engen Grenzen des Urheberrechtsgesetzes ist ohne Zustimmung des Verlags unzulässig und strafbar. Das gilt insbesondere für Vervielfältigungen, Übersetzungen, Mikroverfilmungen und die Einspeicherung und Verarbeitung in elektronischen Systemen.

http://www.gabler-online.de

Höchste inhaltliche und technische Qualität unserer Produkte ist unser Ziel. Bei der Produktion und Verbreitung unserer Bücher wollen wir die Umwelt schonen: Dieses Buch ist auf säurefreiem und chlorfrei gebleichtem Papier gedruckt. Die Einschweißforlie besteht aus Polyäthylen und damit aus organischen Grundstoffen, die weder bei der Herstellung noch bei der Verbrennung Schadstoffe freisetzen.

Die Wiedergabe von Gebrauchsnamen, Handelsnamen, Warenbezeichnungen usw. in diesem Werk berechtigt auch ohne besondere Kennzeichnung nicht zu der Annahme, daß solche Namen im Sinne der Warenzeichen- und Markenschutz-Gesetzgebung als frei zu betrachten wären und daher von jedermann benutzt werden dürften.

Umschlaggestaltung: Schrimpf und Partner, Wiesbaden
Satz: FROMM Verlagsservice GmbH, Idstein

ISBN 978-3-322-91327-2

Für Susanne
... die auch ohne digitale Welt mit mir leben kann

Vorwort

Das letzte Quartal des 20. Jahrhunderts kann als der Meilenstein der digitalen Informationsverarbeitung gesehen werden. Wenn Sie heute aufmerksam Ihre Um- und Arbeitswelt betrachten, werden Sie feststellen, daß der Computer mit seinen Fähigkeiten, Informationen jeglicher Art zu verarbeiten und wiederzugeben, fast in jedem Bereich anzutreffen ist. Die digitale Informationsverarbeitung beherrscht unseren Alltag und wird auch zunehmend unsere Gesellschaft verändern.

Nicht derjenige aber, der die meisten Informationen besitzt, wird in Zukunft gefragt sein, sondern nur derjenige, der sich schnellstmöglich die aktuellsten Informationen beschaffen und auswerten kann. Nur er wird einen Vorsprung im globalen Markt haben. Denn eines ist sicher: Mit dem allgemeinen Zugang zum weltweiten, digitalen Netz der Netze, dem Internet, fallen die Grenzen der Länder und Kontinente, und der globale Handel von Informationen und Waren über das Netz entwickelt sich rasant. Unsere Gesellschaft wird zunehmend multimedial.

Der Einsatz von Multimedia eröffnet jedem Unternehmen neue Wege, Informationen für mehrere Sinne individuell anzubieten und deren Nutzer die Möglichkeit zu geben, die angebotenen Inhalte interaktiv zu entdecken. Doch nicht nur das: Denn die digitale Welt bietet außerdem neue Chancen für das Marketing und die Aus- und Weiterbildung.

Lassen Sie sich inspirieren von der Möglichkeit der digitalen Informationsweitergabe für Ihre persönlichen Zwecke. Setzen Sie Multimedia als ernstzunehmendes Marketing-Instrument ein. Mit diesem Buch möchte ich Ihnen einen Anreiz schaffen, selbst ein digitales Projekt in Angriff zu nehmen und so in das Zeitalter des globalen Multimedia einzusteigen.

Anregungen zu diesem Buch und Erfahrungsberichte aus Ihren eigenen Multimedia-Unternehmungen interessieren mich; schicken Sie mir doch ein Mail unter juergens@augsburg.baynet.de

FISCHACH, DEN 1.9.1997   JÜRGEN SCHLIESZEIT

Inhalt

Vorwort 7

Einleitung 11

Wie Ihnen dieses Buch bei Multimedia-Projekten helfen kann 12

Ein Buch für Auftraggeber und Dienstleister 12
Das Grundproblem 13
Wie Sie dieses Buch nutzen sollten 13

Einsatzmöglichkeiten mit neuen Medien 15

Vom Print zur digitalen Informationsweitergabe 15
Die Diskette - das Medium für jedermann 18
Die CD-ROM - ein Multimedium 18
Grundsätzliche Regeln für Diskette und CD-ROM-Produkte 21
Online - das Hypermedium und der Data-Highway 26
Was macht das Netz so interessant? 27

Wie entsteht ein Multimedia-Titel? 31

Von der Idee bis zum fertigen Produkt 31
Das Multimedia-Team 31
    Der Konzeptionist und Drehbuchautor 32
    Der ScreenDesigner und MedienDesigner 33
    Der Projektmanager 34
    Die Programmierer 35
Die wichtigsten Phasen in einem Multimedia-Projekt 36
Die Rahmenbedingungen 36
    Das erste Briefing mit dem Dienstleister: Input 36
    Das Angebot und die Zahlungsmodalitäten 38
    Der Projektvertrag 39
Der Produktionsablauf 40
    Pflichtenheft und/oder Drehbuch 40
    Medienproduktion 41

Vom Prototyp zum Endprodukt 41
Endabnahme, Produktion und Abschlußgespräch 42
Ablaufdiagramme erleichtern das Projekt... 42
Entwicklungszeit und Terminverzögerungen 43

99 Profitips für Ihr Multimedia-Projekt **46**

Mindmaps und Checklisten für Ihr Multimedia-Projekt **157**

"Rechtliches" 158
"Organisation und Planung" 160
"Projektablauf" 163
"Gestaltung und Wahrnehmung" 165
"Technik" 167
"Marketing und Kundenservice" 169

Anhang: Zahlen und Statistiken **171**

Literatur **177**

Der Autor **179**

Einleitung

Warum noch ein Buch zum Thema Multimedia?

MULTIMEDIA, erst kürzlich das Wort des Jahres und schon wieder ein Buch zu diesem Thema, werden Sie denken. Der Buchmarkt rund um das Thema Multimedia erfreut sich großer Beliebtheit und wächst täglich um mehrere Kilogramm, digital um mehrere Megabyte auf CD-ROM und neuerdings auch im Internet. Hardwareempfehlungen, Softwarebeschreibungen, Gestaltungstips, Nachschlagewerke und Einkaufsführer beherrschen den Multimedia-Buchmarkt. Doch finden Sie selten ein Buch darüber, wie ein Multimedia-Projekt vernünftig in Angriff genommen wird, sich realisieren läßt und auf welche Dinge Sie dabei besonders achten sollten.

Eines dieser raren Exemplare halten Sie gerade in der Hand. Es soll Ihnen eine echte Hilfe im Meer von Informationen rund um das Thema Multimedia sein und als Leitfaden für Ihre Multimedia-Projekte dienen. Es wurde für all diejenigen konzipiert, die selbst ein Multimedia-Projekt in Auftrag geben, selbst durchführen und realisieren möchten.

In meiner langjährigen Beschäftigung mit dem Thema Multimedia als Fachjournalist, Dozent und Geschäftsführer eines Multimedia-Unternehmens konnte ich viele Erfahrungen und Eindrücke sammeln, die in diesem Buch in Form von 99 Tips ihren Niederschlag finden. Es beschäftigt sich wenig mit theoretischen Überlegungen, sondern gibt Ihnen wichtige, praktische Hinweise für Ihr persönliches Multimedia-Projekt. Es gibt Hilfestellungen bei der Projektrealisierung und -vorbereitung und zeigt auf, wie Sie Multimedia als erfolgreiches Marketing-Instrument und zur Aus- und Weiterbildung einsetzen können. Es wendet sich an Unternehmen, die Multimedia in Zukunft neu oder stärker als bislang nutzen wollen, sowie an Multimedia-Dienstleister.

Wie Ihnen dieses Buch bei Multimedia-Projekten helfen kann

Ein Buch für Auftraggeber und Dienstleister

Als Geschäftsführer eines Multimedia-Unternehmens wurde ich bei Beratungs- und Projektgesprächen oft mit der Frage konfrontiert, wie sich ein Projekt möglichst reibungslos planen und ohne große Zeitverschiebungen und Mißverständnisse durchführen läßt. Natürlich sagen Sie jetzt, das ist alles eine Frage des Projektmanagements und der vertraglichen Abmachungen. Zu Recht - doch auch bei einem noch so penibel geplanten Projekt kommt es zu nicht kalkulierbaren Problemen, Unstimmigkeiten, Zeitverschiebungen und falschen Erwartungshaltungen. Das wichtigste Werkzeug bei jedem Projekt ist zwar stets die sorgfältige Planung, Hand in Hand gehend mit einer funktionierenden Kommunikationsstruktur und einem gemeinsam genutzten Vokabular. Dennoch reden Auftraggeber und Dienstleister oft aneinander vorbei, da sie von unterschiedlichen Voraussetzungen und unterschiedlichem Grundwissen ausgehen. Das bindende Glied in diesem Projektprozess ist oft nicht vorhanden.

Mein Buch will dazu beitragen, diese Defizite abzubauen. Sowohl der Projekteinsteiger als auch der versierte Multimedia-Entwickler findet in ihm nützliche Anregungen. Ich habe mich zu diesem Buchprojekt entschlossen, da ich zu der Ansicht gekommen bin, daß sich eine Vielzahl von digitalen Projekten schneller und effektiver realisieren lassen, wenn alle Beteiligten von den gleichen Grundvoraussetzungen ausgehen können und bereits im Vorfeld Klarheit über Vorgehen und Einsatzmöglichkeiten geschaffen wurde.

Und so ist dieses Buch aufgebaut: Zunächst werden Sie informiert, welche Möglichkeiten digitale Medien als Marketing-Instrumente und für den Bereich der Aus- und Weiterbildung bieten. Behandelt werden die Medien Diskette, CD-ROM und in Ansätzen der Online-Einsatz. Anschließend werde ich Ihnen anhand von 99 Tips Schritt für Schritt aufzeigen, wie ein Multimedia-Projekt in Angriff genommen wird, d.h. welche Fragen Sie sich bei der

Planung stellen sollten und auf welche Punkte bei der Realisierung geachtet werden muß.

Das Grundproblem

Wenn Mitarbeiter eines Unternehmens - meist die der Marketing- oder der EDV-Abteilung - damit beauftragt werden, ein Multimedia-Projekt zu realisieren, wird oft unberücksichtigt gelassen, ob sie dieser Aufgabe gewachsen sind. Die für diese Aufgabe benötigte Führungskraft wäre der *Multimedia-Produzent*, ein Berufsbild, das erst seit kurzer Zeit existiert und nicht in jedem Unternehmen anzutreffen ist, das mit den neuen Medien in Kontakt treten möchte. *Multimedia-Akademien* bieten diesen Beruf zwar als Ausbildungszweig an, doch werden Absolventen kaum in den Unternehmen selbst, als vielmehr in Multimedia-Dienstleistungsunternehmen eingesetzt. Verschiedene *Multimedia-Consultants* sehen in dieser Konstellation ein neues Betätigungsfeld. Sie vermitteln zwischen auftraggebendem Unternehmen und Multimedia-Dienstleister und stellen das oftmals fehlende Glied für den Inhaltstransfer zwischen beiden dar.

Tatsache ist nun aber, daß die meisten Unternehmen für anstehende Multimedia-Projekte weder einen Berater konsultieren, noch die geeigneten Mitarbeiter im Hause haben. Genau hier liegt das Grundproblem: Fast jeder in einem Unternehmen hat schon einmal etwas über Multimedia gehört, doch nur wenige haben das entsprechende Know-how, wie ein Projekt konzipiert und entwickelt wird, geschweige denn, wie ein digitales Projekt von der Idee bis hin zum fertigen Produkt realisiert werden kann.

Wie Sie dieses Buch nutzen sollten

Oft werden Bücher, insbesondere Leitfäden, so geschrieben, daß sie vom Anfang bis zum Ende durchzuarbeiten sind. Anders bei den 99 Tips dieses Buches. Es ist so konzipiert, daß Sie genau an jener Stelle einsteigen können, an der sich Ihr Projekt derzeit befindet oder an der Sie eine spezielle Frage zu seiner Durchführung oder Planung haben.

In erster Linie gehe ich auf die Problematik von Offline-Medien ein, mit anderen Worten: Wie realisiere ich aussagekräftige und kundenorientierte Disketten- und CD-ROM-Produkte? Mit dem Medium Online, speziell dem Thema *Internet,* werde ich mich in den letzen Tips auseinandersetzen. Da sich der Online-Markt derzeit in einer großen Umbruchphase befindet, werde ich mich diesem Thema in einem eigenen Buch vertiefter zuwenden.

Und so sind die Tips in diesem Buch aufgebaut:

Sie sind in jener Reihenfolge dargestellt, in der Sie auch in einem richtigen Multimedia-Projekt durchzuführen sind. Von der Idee bis hin zur Vermarktung Ihres Produktes finden Sie wichtige Ratschläge in Form von hilfreichen Fragen und Antworten. Jeder Tip soll Ihnen zusätzliche Anregungen oder Hilfen geben, ein Projekt schneller zu realisieren, ohne dabei wichtige Punkte zu vergessen.

Zunächst wird jeweils die Frage bzw. das Problem erläutert, worauf dann Lösungsmöglichkeiten bzw. -anregungen vorgestellt werden. Im Anschluß daran werden die wichtigsten Punkte noch einmal in einem Kurztip zusammengefaßt; vereinzelt wird aus Darstellungsgründen darauf verzichtet. Am Ende des Buches finden Sie einerseits Checklisten, die die besprochenen Tips in Form von Fragen noch einmal themenspezifisch zusammenfassen. Andererseits werden alle Tips noch einmal in sogenannten *mindmaps*[1] *dargestellt.* Jedes mindmap vertritt einen bestimmten Bereich, dem jeweils die entsprechenden Tips zugeordnet wurden. So sind Sie in der Lage, die zu jedem Bereich jeweils wichtigen Tips schnell aufzufinden. Im Kapitel Zahlen und Statistiken werden Ihnen schließlich aktuelle Zahlen rund um den Multimedia-Markt präsentiert. Der HighText-Verlag hat mir diese Grafiken dankenswerterweise zu Verfügung gestellt.

---

[1] *Mind Map* ist ein eingetragenes Warenzeichen der Buzan Organisation Ltd.

Einsatzmöglichkeiten mit neuen Medien

Vom Print zur digitalen Informationsweitergabe

Informationen dienen der täglichen Wissensvermittlung und -erweiterung. Kein Tag vergeht, ohne daß wir nicht gezielt und bewußt Informationen suchen und verarbeiten. Dies beginnt bereits bei der Suche im Telefonbuch, beim Lesen von Nachrichten zum aktuellen Tagesgeschehen oder beim Finden von Informationen in entsprechenden Fachzeitungen und -zeitschriften, und es führt bis hin zum Nachlesen in einer Betriebsanleitung oder in einem entsprechenden Fachbuch. Je schneller wir uns Informationen beschaffen können, um so schneller können wir reagieren. Die ständig wachsende *Informationsflut* zwingt uns aber gerade dazu, neue, *effektivere Wege zur Informationsweitergabe und -entnahme* zu entwickeln und zu nutzen. Die Welt der digitalen Medien bietet hierbei neue Möglichkeiten.

Wurden bislang Informationen in gedruckter oder audiovisueller Form vermittelt, gehen seit geraumer Zeit immer mehr Firmen dazu über, ihre Informationen digital zu verwalten und weiterzugeben. Schlagworte wie *Intranet* und *Internet* sind derzeit in aller Munde und folgen genau diesem Trend. Sowohl Intra- als auch das Internet sind für viele Firmen die Antwort auf eine schnelle firmeninterne und -externe Informationsverarbeitung und -weitergabe.

Dezentralisierte Unternehmen wachsen durch die digitale Welt mit Hilfe dieser Technologie enger zusammen. Zudem wird eine neue Form der Kommunikation gepflegt, die zielgerichteter erscheint. Wurden E-Mails zu Beginn als nettes Kommunikationsspielzeug abgetan, gehören diese in vielen Firmen nun zum täglichen Kommunikationsmedium. Oftmals hat dies auch negative Seiten, und einige Empfänger werden regelrecht von E-Mails überrollt. Was früher über Print, ein umständliches Ablagesystem, archiviert oder via Fax und Telefon erkundet wurde, erscheint heute mit nur wenigen Abfragen auf dem Computerbildschirm. Wie Nicholas Negroponte dies in seinem Buch *Total Digital* treffend beschreibt, werden Informationen nicht mehr über Atome transportiert, sondern in Bits weitergegeben.

Doch wird diese Art der Informationsweitergabe nicht nur unternehmensintern gepflegt. Zunehmend gehen Unternehmen dazu über, Informationen jeglicher Art, wie z.B. Werbung, Produktkataloge oder Schulungsmaterial, digital zu erstellen und öffentlich anzubieten. Neben Nachschlagewerken, Trainingsunterlagen oder firmeninternen Lernprogrammen entstehen auch ganz eigenständige Titel, die dem Bereich der Unterhaltungselektronik zuzuordnen sind. Dabei werden die bereits vorliegenden Inhalte für das digitale Medium umgesetzt. Soll das Produkt etwas mehr als Text mit ein paar Illustrationen beinhalten, müssen die vorliegenden Inhalte dennoch völlig neu konzipiert werden.

Was früher über Agenturen und Fachlektoren erstellt und begutachtet wurde, erfordert heute ein Team von unterschiedlichsten Fachleuten. Wie sich diese digitale Entwicklung auf unsere Wirtschaft auswirkt, ist gut an der Verlagswelt zu erkennen. Fast jedes große Verlagshaus besitzt bereits Profitcenter zur Entwicklung und Vermarktung digitaler Medien. Neue, oftmals an Verlagshäuser angegliederte Tochtergesellschaften wurden in den letzten fünf Jahren gegründet. Diese haben sich ausschließlich auf die Umsetzung bereits bestehender Informationen auf digitale Medien spezialisiert. Ebenso verhält sich es sich mit den verschiedenen Fernseh- und Rundfunkanstalten, die zusätzliche Informationen über das digitale Medium verbreiten. Der Markt der digitalen Informationsanbieter und der Dienstleister, die diese Informationen anwenderorientiert in Produkte umsetzen, expandiert stark. Die Entscheidung (weg) vom „Nur Print" (hin) zum digitalen Medium hat mehrere Gründe:

> ⇨ An erster Stelle steht die *schnelle Verfügbarkeit* der digitalen Information für jedermann. Mit nur wenigen Mausklicks lassen sich Informationen finden, zusammentragen und auswerten. Ob auf CD-ROM oder im Netz, jede digital vorhandene Information kann somit schnell in eine Recherche einbezogen werden. Für das Angebot im Internet können Informationen unabhängig vom Betriebssystem des Adressaten angeboten werden. Sie sind weltweit präsent.
>
> ⇨ In der Wirtschaft ist der Personal Computer in Zusammenhang mit der Benutzeroberfläche MS-Windows und MS-DOS bereits so verbreitet, daß Streuverluste bei der Aussendung von digitalen Produktinfos kaum auftreten. Der PC erfährt eine hohe Akzeptanz auf dem Markt und ist im Konsumer- und im Business-Bereich anzutreffen.

Vom Print zur digitalen Informationsweitergabe

> ⇨ Unternehmen, die sich dem digitalen Trend angeschlossen haben, gelten als innovativ und neuen Trends gegenüber eher aufgeschlossen.
>
> ⇨ Durch die unterschiedlichen Möglichkeiten der Integration von Medien wie Text, Bild, Grafik, Animation, Ton und Video können Sachverhalte verständlicher aufbereitet und dargestellt werden. Multimedia bietet neue Chancen zur Wissensvermittlung und Informationsweitergabe. Der Print hingegen ist ein eindimensionales Medium.
>
> ⇨ Das digitale Medium ermöglicht individuelle, benutzerspezifische Navigation und Informationsentnahme. Im Gegensatz zum eindimensional, linear aufgebauten Printprodukt bestimmt der Benutzer seine Navigation selbst. Natürlich kann der Weg durch das Produkt in vorgegebenen Spuren auch sehr eingeengt, aber dann bewußt gesteuert werden. Doch dies liegt in der Hand des Produzenten und seiner Zielrichtung.
>
> ⇨ Informationen lassen sich durch multimedialen Einsatz für jeden ansprechend aufbereiten. Dabei werden verschiedene Sinne angesprochen, was wiederum das vernetzte Denken fördert. Das digitale Medium bietet für jeden Benutzer einen individuellen Zugang. Es ist ein Medium für alle Sinne.

Die in einem digitalen Medium zu präsentierenden Inhalte lassen sich in der Art gestalten, daß jeder Anwender einen unterschiedlichen Weg der Informationsentnahme findet und beschreitet. Das digitale Multimedium bietet somit die Möglichkeit, dem Adressaten Produkte individuell schmackhaft zu machen. Jeder Kunde sollte dabei Gefallen am Produkt bzw. an den Inhalten finden und zum Entdecken angeregt werden. Erst dann, wenn das Produkt den Kunden fesselt und ihn auch nicht so schnell mehr losläßt, haben Sie Ihr Ziel erreicht. Ihr Kunde soll sich förmlich in Ihrem Produkt festbeißen. Kundenzufriedenheit und Kundenbindung sind die Zielsetzungen jedes digitalen Produktes. Gleichgültig, ob es sich dabei um ein reines Marketinprodukt (z.B. ein Verkaufskatalog), einen Unterhaltungstitel oder um eine Lehr- bzw. Lernsoftware handelt: das Medium muß mit seinen Inhalten stets auf die Zielgruppe zugeschnitten sein.

Die Diskette - das Medium für jedermann

Trotz CD-ROM und Internet besitzt die Diskette nach wie vor eine hohe Akzeptanz. Sie ist das verbreitetste digitale Speichermedium seit der Einführung des Personal Computers. Jeder PC-Besitzer ist ein potentieller Diskettenkunde. Gerade deshalb ist die Diskette ein wichtiges Marketing-Instrument. Ob als Demo-Diskette für kurze Produkteinführungen, Firmenpräsentationen oder kleine Lern- und Übungsprogramme: die Diskette ist für all dies ideal geeignet. Neben Text und Grafiken finden auf ihr auch kleine Animations- und Tonsequenzen Platz.

Ein geschickt entwickeltes Diskettenprodukt sollte Ihnen bereits die ersten Stufen eines Verkaufsgespräches abnehmen. Es wird zusammen mit einem Begleitbrief oder ansprechend verpackt in einem Prospekt oder Folder ausgeliefert. Der Text im Printprodukt dient dabei lediglich als Kurzinformation über die Firma und den Inhalt des digitalen Mediums. Installationsanweisungen sollten nur auf dem Diskettenetikett angebracht werden.

Erstes Interesse am Produkt und erster Kaufanreize lassen sich durch einen gut umgesetzten Disketten-Inhalt wecken. Sind in Ihrer Präsentation die entsprechenden Responsemöglichkeiten wie Faxformular oder Bestellgutschein integriert, geben Sie dem Kunden eine zusätzliche Möglichkeit an die Hand, mehr Informationen oder auch ein erstes persönliches Gespräch zu erbitten.

Ein großer Vorteil der Diskette ist schließlich, daß Sie jederzeit in der Lage sind, kleine Änderungen durchzuführen, indem lediglich einige Bilder oder Text ausgetauscht werden. Dabei genügt es oftmals nur eine Datei zu ersetzen.

Die CD-ROM - ein Multimedium

Bis vor kurzem wurden Software-Produkte in erster Linie auf Disketten ausgeliefert. Alle großen Softwarehäuser sind jetzt dazu übergegangen, ihre Produkte auf dem Trägermedium CD-ROM zu vermarkten. Nur auf speziellen Wunsch können noch Diskettensätze angefordert werden. Die CD-ROM ist derzeit das Trägermedium schlechthin.

Die CD-ROM - ein Multimedium

War bis vor zwei Jahren noch die Diskette auf Platz eins der interaktiven Werbeformen, hat die CD-ROM ihr bereits den Rang abgelaufen. Die Ursache liegt in der hohen Akzeptanz des Mediums, was sich wiederum auf die starke Verbreitung von CD-ROM-Abspielgeräten auswirkt. Kaum ein PC wird heute ohne CD-ROM-Laufwerk ausgeliefert. Bereits jeder zweite private PC in Deutschland ist mit einem CD-ROM-Laufwerk ausgerüstet. Nach einer repräsentativen Befragung, die der Burda-Verlag zusammen mit anderen Verlagen in regelmäßigen Abständen durchführt, sind es derzeit etwas über sieben Millionen Menschen, die als potentielle Nutzer von CD-ROM-Produkten in Frage kommen und Zugriff auf ein CD-ROM-Laufwerk haben. Andere Untersuchungen stellten fest, daß „die CD-ROM Plattform in Deutschland schneller wächst als die Zahl der in den Haushalten verfügbaren Modems: Gegenwärtig stehen sowohl in Ost- als auch in Westdeutschland deutlich mehr CD-ROM-Laufwerke als Modems in den Haushalten - und das wird auch so bleiben, wenn man die abgefragten Anschaffungswünsche der Deutschen in Betracht zieht."[2]

Die im Jahre 1979 der Öffentlichkeit erstmals vorgestellte Compact Disk in Form einer Audio-CD besticht durch ihre immense Speicherkapazität. Die bislang auf dem Markt verbreiteten CD-ROMs besitzen derzeit eine Speicherkapazität von 650 Megabyte. Mit anderen Worten: Sie können bis zu 72 Minuten Videofilm oder ca. 325000 Schreibmaschinenseiten darauf speichern.

Die Einsatzmöglichkeiten der CD-ROM sind unerschöpflich. Die Produktpalette reicht von der einfachen Datenbankanwendung über multimediale Produktpräsentationen bis hin zum komplexen Trainings-Programm. Die Silberscheibe ist das ideale Trägermedium für speicherintensive Daten und multimediale Anwendungen. Die Spieleindustrie hat die Einsatzmöglichkeiten dieses Medium schon lange erkannt und gezielt Produkte für dieses Trägermedium entwickelt.

Die CD-ROM ist derzeit für Multimedia-Anwendungen und als Träger digitaler Informationen das beste Medium. Ob Film, Animation, Musik oder umfangreiche Datenbanken, der kleine Silberling bietet jede Menge Platz. Oftmals belegen die ausgelieferten CD-ROM-Produkte nur einen Bruchteil

---

[2] Der CD-ROM-Markt wächst sowohl in Deutschland als auch international, vgl. multiMEDIA 10/96, S. 12

der Scheibe. Auch immer mehr Zeitschriftenhersteller sind bereits dazu übergegangen, anstatt der bisherigen Demo-Diskette CD-ROMs mit verschiedenen Shareware-, Demo- und Treiber-Programmen auszuliefern. Die CD-ROM ist kostengünstig bei der Vervielfältigung, einfach in der Handhabung, relativ unempfindlich und bietet einen zusätzlichen Kaufanreiz. Allein im Jahr 1996 sind rund 1600 Multimedia-Titel auf den deutschen Markt gekommen. Im Vergleich dazu waren es im Vorjahr nur etwa die Hälfte.[3] Nach Einschätzung des amerikanischen Marktinstituts Infotech gab es Ende 1996 13000 Konsumer-Titel mit Multimedia.

Das Medium CD-ROM in größeren Stückzahlen zu produzieren ist nicht mehr kostspielig. Die reinen Vervielfältigungskosten einer CD-ROM können bei einer Auflage von 5000 Stück, abhängig vom Anbieter, bereits unter eine Mark sinken. Die Preise variieren hierbei stark und sind zudem abhängig von der Art des CD-ROM-Aufdrucks, der mitgelieferten Installations- und Gebrauchsanweisung, dem sogenannten Booklet, und der entsprechenden Verpackung.

Seit Anfang 1997 ist nun ein neues CD-ROM-Format unter dem Kürzel DVD (Digital Versatile Disk) auf dem Markt. Auf der CeBIT 97 konnten man an verschiedenen Ständen das Wundermedium und die dazu benötigten Laufwerke bewundern. Diese Silberscheiben vertreten eine neuen Generation mit neuem Standard. Sie unterscheiden sich von ihrem Vorgängern zwar nicht durch die Ausmaße, doch sind sie diesen, was die Speicherkapazität betrifft, um viele Megabytes überlegen. Die DVD kann in ihrem kleinsten der vier standardisierten DVD-Formate auf zwei Seiten bespielt werden und hat eine Speicherkapazität von 4.7 Gigabyte pro Seite. In erster Linie zeigt die Filmindustrie großes Interesse an diesem CD-ROM-Format. War es bisher möglich, Filme mit mehr als 72 Minuten Laufzeit in komprimierter Form auf zwei Silberscheiben auszuliefern, läßt das neue Format endlich mehrere Stunden Video auf einer einzigen Scheibe zu. Das derzeitige Maximum an Speicherkapazität bietet die DVD-18 mit zwei Seiten zu je zwei Schichten und 17 Gigabyte Speichervermögen. Was bislang aber fehlt, ist eine stärkere Verbreitung der Abspielgeräte bzw. ein stärkere Marktpräsenz von Titeln. Das hierfür eigens benötigte CD-ROM-Laufwerk ist zwar abwärtskompatibel, d.h. CD-ROMs älterer Generationen können ebenfalls damit abgespielt werden, doch zeigen sich die Käufer noch relativ verhalten gegenüber der neuen Technologie.

---

[3] Der CD-ROM-Trend heißt Qualität, vgl. multiMEDIA 12/96, S. 1

Grundsätzliche Regeln für Diskette und CD-ROM-Produkte

Gehen wir einmal davon aus, Sie hätten sich in Ihrem Unternehmen entschieden, ein digitales Medium zu entwickeln bzw. durch einen Dienstleister realisieren zu lassen. Um ein qualitativ hochwertiges digitales Produkt schaffen zu können, möchte ich Ihnen nun verschiedene Entscheidungskriterien an die Hand geben. In erster Linie möchte ich auf die Entwicklung digitaler Marketingtitel sowie Lehr- Lernprogramme und Nachschlagewerke eingehen. Auf den reinen Unterhaltungsbereich, also die Entwicklung von Entertainment-, Edutainment- und Spieletitel, lege ich weniger Gewicht; oft entscheiden hier ganz andere Gesetze über die Akzeptanz und Ablehnung eines Produktes.

Ein gut konzipiertes Disketten- oder CD-ROM-Produkt findet in seiner Zielgruppe eine hohe Akzeptanz. Kennzeichen dafür sind z.B. eine hohe Rücklaufquote bei Bestellformularen oder häufig frequentierte Seiten Ihres Online-Angebotes. Doch gibt es dabei einige wichtige Dinge, die Sie bei der Entwicklung eines digitalen Produktes beachten sollten. Die sogleich aufgeführten Punkte sollten Sie Schritt für Schritt durchgehen und mit Ihrem eigenen geplanten oder bereits fertiggestellten Produkt vergleichen. Dabei sollten Sie selbst entscheiden, welche Hinweise Ihnen für Ihr Produkt besonders wichtig erscheinen:

- Versuchen Sie, Ihr Produkt von mehreren Seiten zu durchleuchten, und zeigen Sie Alternativen auf. Mindmaps, Diagramme und Navigationsabläufe können Ihnen dabei sehr nützlich sein.
- Vermeiden Sie, sich bereits bei der Produktkonzeption festzufahren. Bleiben Sie flexibel bis zur eigentlichen Programmierung und Medienentwicklung.
- Lassen Sie Ihre Ideen reifen und holen Sie Ratschläge und Meinungen von Personen ein, die nicht mit dem Projekt vertraut sind. Testen Sie Ihre Ideen im Vorfeld.

Hier einige wichtige Regeln für die Gestaltung eines erfolgreichen digitalen Produktes:

> **Die Verpackung:**
>
> ⇨ Die Verpackung Ihres digitalen Produktes muß *ansprechend* und *auffordernd* sein. Halten Sie Ihre Texte kurz und *leicht verständlich* und vermeiden Sie lange Installationsanweisungen. Begleiten Sie Ihren Kunden geschickt vom Prospekt oder der Verpackung zum digitalen Medium. Fordern Sie ihn zur Installation auf und *schaffen Sie dafür einen Anreiz*. Dies ist besonders wichtig bei Demosoftware und Produkt- und Firmenpräsentationen.

Für die richtige Verpackung ist es nicht unbedingt nötig, aufwendige neue Verpackungen entwickeln zu lassen. Die entsprechenden Anbieter und Dienstleister verfügen meist über ein großes Sortiment von Mustern, die nicht neu konzipiert und produziert werden müssen. Notwendig ist hierbei nur die individuelle Gestaltung des Verpackungsaufdrucks. Lesen Sie dazu mehr ⇒ ab Tip 89.

> **Die Installation:**
>
> ⇨ Achten Sie stets auf eine *einfache Installationsdurchführung*. Betriebssysteme wie Windows 95 bieten hierfür die Möglichkeit von „Autostarts": Sobald sich eine CD-ROM im Laufwerk befindet, wird diese automatisch erkannt und die Start-Datei für die Installation aufgerufen. Machen Sie von dieser Möglichkeit Gebrauch. Sie ersparen Ihrem Kunden unnötige Arbeit.
>
> ⇨ Für Disketten besteht diese Möglichkeit leider nicht. Sie muß direkt installiert bzw. aufgerufen werden. Eine Diskette sollte sich mit nicht mehr als fünf Mausklicks installieren lassen. Der sinnvolle Weg geht dabei über die Menüauswahl: *Datei / Ausführen* unter Windows 3.x und über *Start / Ausführen* unter Windows 95.
>
> ⇨ Bereits die Installation sollte eine gewisse *Dramaturgie* verfolgen und eine Spannung auf das Produkt wecken. Sprechen Sie Ihren Kunden persönlich an und integrieren Sie im Setup stets Ihr Logo. Schaffen Sie einen *visuellen Anreiz*.

Welche Möglichkeiten Ihnen bei der Installation zur Verfügung stehen, erfahren Sie noch genauer ⇒ ab Tip 78.

> **Die Gestaltung mit Bild, Ton und Text:**
>
> ⇨ Schöpfen Sie die grafischen Darstellungsmöglichkeiten der Bedienungs-, und Präsentationsoberfläche vom ersten Mausklick an aus. Doch denken Sie dabei immer an Ihren Adressaten.
>
> ⇨ Gestalten Sie Ihre Benutzeroberfläche und die Inhalte gehirngerecht. Gehen Sie von einem ganzheitlichen Ansatz aus. Versuchen Sie beide Hirn-Hemisphären gleichermaßen anzusprechen. Lassen Sie sie miteinander korrespondieren, indem Sie Ihre Bildschirminhalte ausgeglichen gestalten. Die beiden Gehirnhälften des Großhirns sind für unterschiedliche Aufgaben verantwortlich. Die rechte Gehirnhälfte ist für ganzheitliche Erfahrungen und das bildhafte, analoge und visuelle Denken zuständig. Hingegen zeigt sich die linke Gehirnhälfte für das analytische und logische Denken verantwortlich.[4] Überfrachten Sie die Benutzeroberfläche nicht mit zu viel Text- und Bildinformationen.
>
> ⇨ Gestalten Sie Ihre Bildschirminhalte zielgruppengerecht und ansprechend. Versuchen Sie, den verschiedenen Ansprüchen der Benutzertypen gerecht zu werden. Unterschiedliche Menschentypen verlangen unterschiedliche Ansprache.

---

[4] vgl. Sally P. Springer / Georg Deutsch; Linkes - rechtes Gehirn, Heidelberg 1990, S.170 f

> **Einteilung in spezifische Benutzertypen:**
>
> ⇨ **Visuell veranlagte Mensch** werden durch Farben, Bilder und Videosequenzen angesprochen. Dieser Menschentyp benutzt eine bildhafte Sprache und wird durch diese auch mehr angesprochen.
>
> ⇨ **Kinästhetisch / haptisch orientierte Menschen** möchten Strukturen gerne in Form von ansprechenden Benutzeroberflächen und konkrete Aussagen in Ihrem Produkt wiederfinden.
>
> ⇨ **Auditiv veranlagte Menschen** hingegen werden aufmerksam bei geschicktem Einsatz von Audiosequenzen und einem Wortschatz, bei dem Wortfelder aus dem Bereich der Töne im Vordergrund stehen.

Versuchen Sie, diese typenspezifischen Kommunikationsformen gezielt einzusetzen, wenn Sie Ihre Zielgruppe genau kennen. Bestimmte Berufsgruppen können spezifischen Wahrnehmungscharakteren zugeordnet werden. Versuchen Sie, Ihr Produkt typenspezifisch zu gestalteten. Richtig eingesetzte Medien zeigen höhere Akzeptanz und Response. Es macht zum Beispiel wenig Sinn, einem Handwerker ein visuell stark aufbereitetes Produkt in Form eines Prospektes oder ein digital bunt gestaltetes CD-ROM-Produkt zukommen zu lassen. Seine Wahrnehmung wird mehr in den kinästhetischen Bereich fallen, und genau mit diesen Mitteln können Sie ihn direkter ansprechen und mit dem für Ihn zugeschnittenen Produkt fesseln. Gestalten Sie in diesem Fall mit groben, strukturbelassenen Oberflächen und benutzen Sie klare, eindeutige Aussagen und Aufforderungen.[5]

Selbstverständlich wird Ihnen diese typenspezifische Ansprache nicht immer gelingen. Dennoch sind Zielgruppen oft schwer auf einen Nenner zu bringen und auf einen Menschentypen festzulegen. Versuchen Sie dann, die verschiedenen Elementen gleichmäßig einzusetzen und einseitige Gestaltungsformen zu vermeiden. Da der Mischtyp in jedem von uns steckt, können Sie einer vorzeitigen Ablehnung beim Betrachten Ihres Produktes entgegenwirken, indem Sie eine ausgeglichene Gestaltung realisieren. Lesen Sie mehr zur Gestaltung und Einsatz von Animation und Text ⇒ in den Tips 65, 66 und 62.

---

[5] Vgl. Gottschling, Greff, Schlieszeit: cd*phone* – Telefonmarketing – Training mit Multimedia, 3. Auflage, Stadtbergen 1996

Grundsätzliche Regeln für Diskette und CD-ROM-Produkte

Die Bedienung, Navigation und Interaktion:

⇨ Halten Sie die Bedienung Ihres Produktes so einfach wie möglich. Der Benutzer darf sich nicht „verirren". Gestalten Sie die Navigationsmöglichkeiten eindeutig.

⇨ Geben Sie dem Kunden stets die Möglichkeit mitzuverfolgen, an welcher Stelle er sich im Produkt befindet, und lassen Sie ihm freie Navigationsmöglichkeiten.

⇨ Der Besucher muß an jedem Punkt Ihr Produkt verlassen können.

⇨ Hilfreich für die Navigation sind sogenannte Navigationsbäume, die in Form von mindmaps oder Menübäumen angezeigt werden können. Visualisieren Sie den augenblicklichen Standort des Benutzers.

⇨ Möchten Sie Schaltflächen verwenden, geben Sie jeder Schaltfläche eine eindeutige Aussage in Form von Grafik oder Text.

⇨ Vermeiden Sie zu verspielte Bedienungselemente und sich ständig wiederholende Töne, Animationen und Programmdurchläufe.

Anhand dieser Kriterien sollte sich bei Ihnen eine erste Sensibilisierung für Ihr Vorhaben entwickelt haben. Bei der Durchführung eines Multimedia-Projektes tritt eine Vielzahl von Fragen stets erst während der Entwicklung auf. Die von mir angesprochenen Kriterien geben Ihnen einen ersten Einstieg in das Projekt und nehmen viele Projektdetails vorweg.

Besprechen Sie diese Punkte im Projektteam und versuchen Sie, verschiedenen Aufgabenbereiche herauszuarbeiten. Entwickeln Sie selbst einen ersten Kriterienkatalog für Ihr Multimedia-Projekt. Die später aufgezeigten Tips gehen dann vertiefter auf die verschiedenen Fragen vor und während der Projektphase ein.

Online - das Hypermedium und der Data-Highway

Neben den sogenannten Offline-Medien wie Diskette und CD-ROM wird das Medium Online in den kommenden Jahren zunehmend interessant für das Marketing und die Entwicklung verschiedenster Anwendungen. Das große Online-Jahr war 1996. Seitdem boomt die Branche und auch das Internet. Selbst die weltgrößte Computermesse CeBIT stand 1997 ganz im Zeichen von Internet und Intranet. Auch auf der Multimedia-Messe in Cannes, der Milia, stand das Thema Online an erster Stelle. Und wie steht die deutsche Wirtschaft dem Thema Online gegenüber? Kaum ein Unternehmen, das nicht im Internet vertreten ist oder seine Präsenz dort in absehbarer Zeit plant. Wer noch nicht im Netz ist, hat sich vorsorglich schon einmal seinen Firmennamen als Internet-Adresse reservieren lassen. Home-pages, die Eintrittsseiten der Unternehmen im Netz, sprießen sprichwörtlich wie die Pilze im Netz.

Kein anderes digitales Medium entwickelt sich so rasant wie das Internet. Schätzungen zufolge sind derzeit weltweit ca. *50 Millionen Internet-Nutzer* aktiv und täglich werden es mehr. Das globale Netz ist nicht mehr aufzuhalten. Das Netz der Netze breitet sich aus wie ein nicht zu kontrollierendes Virus, allerdings ohne ernsthafte Krankheitsauswirkungen. Wurde das Internet zunächst nur für die Übermittlung von Nachrichten und für den Zugang verschiedener Datenbanken benutzt, sind die Möglichkeiten des WWW, dem *world wide web*, und seiner systemunabhängigen grafischen Gestaltung sehr vielfältig. Derzeit sind ca. 95% aller Internetseiten nichts anderes als einfache Text- und Grafikseiten mit Querverbindungen zu weiteren Bildschirmseiten. Doch mit zunehmenden Nutzern und einfacheren Programmiermöglichkeiten, wie dies mit der Programmiersprache JAVA möglich ist, werden die Anwendungen auch anspruchsvoller und komplexer. Die Möglichkeiten des Netzes stehen erst am Anfang. Vielleicht könnte man die derzeitige Netzsituation mit dem Stadium vergleichen, als dem PC die ersten Töne entlockt wurden und gleich von Multimedia gesprochen wurde.

Daß das Internet die Zukunft für die weltweite Netzkommunikation bedeutet, zeigt allein die Tatsache, daß die bekannten Online-Anbieter wie CompuServe, Datex-J, MSN oder AOL längst dazu übergegangen sind, neben ihren eigenen Diensten zusätzlich den Zugang zum WWW, dem World Wide Web zu ermöglichen. Der gemeinsame Standard aller ist das Internet, basierend auf dem HTML-Format (Hypertext Markup Language), die gemeinsame Sprache für alle Anbieter und Nutzer. Bleibt zu wünschen, daß es zukünftig für Internet-Nutzer ein ähnliches Konzept für Ortstarifnutzer gibt wie in den USA, wo für diese keine zusätzlichen Telefongebühren anfallen und somit jedermann Netzzugang hat.

Was macht das Netz so interessant?

Was ist so faszinierend und neu an diesem Medium? Bislang verdienen nur die Deutsche Telekom durch die Telefongebühren, die Provider für ihre Zugänge und Verwaltung und einige vereinzelte Dienstleister für Konzepte, Seitengestaltung, Werbeplazierung oder Datenbankangebote Geld mit dem Internet. Der große Umsatz durch Direktbestellung, das Komplettangebot der marktführenden Kaufhausketten wird erst noch erwartet. Zwar mischen der Quelle-, Otto-, Karstadtkonzern und andere Unternehmen bereits kräftig mit beim digitalen Shoppingerlebnis, doch beschränken sich die Angebote bislang nur auf Bereiche der Computer- und Unterhaltungselektronik und verschiedene Services. Und dennoch: Jeder möchte beim großen weltumspannenden Netz dabei sein, um den Anschluß nicht zu verpassen.

Das Internet bietet in erster Linie die Möglichkeit der *globalen Kommunikation*. Ortsunabhängig ist via E-Mail jeder in der Lage, mit einem anderen Internet-Teilnehmer in Konktakt zu treten. Durch die Möglichkeit des *chats* (direktes Online-Gespräch über die Tastatur) ist es zudem möglich, sich mit einem Gegenüber am anderen Ende der Welt direkt zum Ortstarif zu „unterhalten".

Der zweite, für Öffentlichkeitsarbeit und Marketing immer wichtiger werdende Aspekt ist, daß jeder Teilnehmer am Internet beliebige Informationen über sich, seine Firma oder seine Interessensgebiete in das weltweite Netz stellen kann. Diese Informationen sind dann, wenn nicht reglementiert, für jeden Internet-Nutzer zugänglich. Reglementierte Zugänge werden oft auch zum Übergang in das Intranet angeboten, dem firmeninternen Netz mit verschiedensten Datenbankzugriffen und der gemeinsamen Nutzung von Netzsoftware und Kommunikationsmöglichkeiten. Bei einem dezentral orientierten Unternehmen bietet das Internet zudem eine hervorragende Möglichkeit der orts- und zeitunabhängigen Kommunikation und des Datenaustauschs.

Die für den externen Nutzer zur Verfügung gestellten Informationen des Internets können entweder direkt am Monitor gelesen oder auf den heimischen PC geladen und gespeichert werden. Zusätzliche Möglichkeiten sind das Herunterladen von verschiedenen Softwareangeboten wie Text-, Ton- und Filmdokumente oder kleine Anwenderprogramme in Form von Shareware oder zeitlich limitierte Programme.

Doch entwickelt sich das Netz der Netze zunehmend zu einem echten Marketing-Instrument. Wurden zunächst nur Text- und Bildinformation und die Möglichkeit einer Kontaktaufnahme via E-Mail im Internet zur Verfügung gestellt, so gehen immer mehr Anbieter auch dazu über, kostenpflichtige Informationen oder Waren im Netz anzubieten. Diese Angebote werden dann direkt über das Netz bestellt, verschiedene Zahlungs- und Zustellungsmodalitäten sind dabei anzutreffen. Dennoch ist die Zurückhaltung der Firmen dieser Nutzungsmöglichkeit gegenüber nach wie vor stark. Das hat folgenden Grund: Bislang konnte keine Garantie dafür gegeben werden, daß beim Austausch der Zahlungsangaben kein Unwesen mit den persönlichen Daten betrieben wird. Zwar haben verschiedene Hersteller Soft- und Hardwaremöglichkeiten vorgestellt, wie Daten verschlüsselt weitergegeben werden können, doch konnte sich bislang kein Standard dafür durchsetzen.

Studien haben im übrigen gezeigt, daß deutsche Marketing-Fachleute bei direkten Werbeaktionen zur Zeit noch stärker an Offline- als an Online-Medien interessiert sind. Das Marketing-Branchenblatt „Werben und Verkaufen" hat dazu zusammen mit Emnid eine repräsentative Umfrage durchgeführt. Das Medium CD-ROM lag bei dieser Untersuchung zwar noch in Führung, jedoch dicht gefolgt vom Online-Medium und im nächsten Jahr vom diesem wohl eingeholt.[6]

---

[6] Vgl. multiMEDIA 12/96, S. 2

Was macht das Netz so interessant?

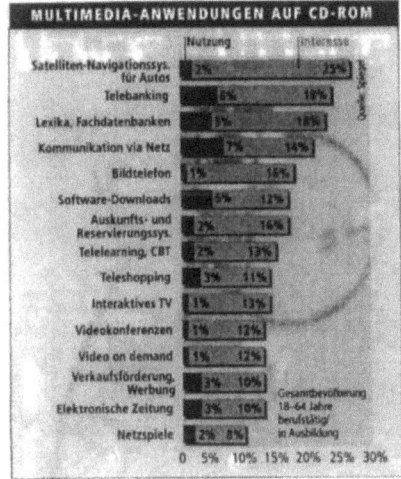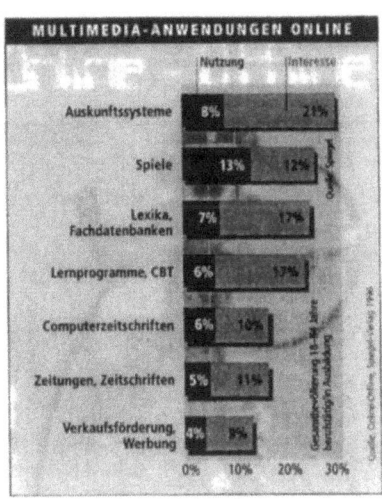

Abb. 1: *Vergleich von Multimedia-Anwendungen auf CD-ROM und Online* [7]

Nicht jede Firma, die im Internet vertreten ist, erfüllt die Anforderungen an ein firmen- und produktorientiertes Auftreten. Allzuoft treffen Sie auf Internet-Seiten, die bunt, originell und auf dem neusten technischen Stand sind, doch entsprechen diese Seiten keiner kundenorientierten Aufmachung. Wichtige wahrnehmungspsychologische Kriterien und marketingorientierte Kriterien werden sowohl bei der Gestaltung von Benutzeroberflächen als auch bei der Gestaltung von Internet-Seiten vernachlässigt.

Hier einige Ratschläge, die Sie bei Ihrer Internet-Seitengestaltung befolgen sollten:

> ⇨ Vermeiden Sie ein uneinheitliches Seitenlayout!
>
> ⇨ Denken Sie an das *einheitliche Erscheinungsbild* Ihrer Firma, an die CI (Corporate Identity).
>
> ⇨ Geben Sie Ihrem Kunden ein *klares Navigationskonzept* mit eindeutigen Symbolschaltflächen an die Hand.

---

[7] multiMEDIA 12/96, S.5

- ⇨ Geben Sie Ihrem Kunden die Möglichkeit, von jeder Seite auf Ihre Anfangsseite (homepage) zu springen.

- ⇨ Vermeiden Sie zu *lange Ladezeiten*, indem Sie zu große oder zu viele Bilder in Ihre Seite integrieren. Verzichten Sie zunächst auf zusätzlich vom Netz benötigte Software, sogenannte Plugins.

- ⇨ Achten Sie auf Ihrer Seite auf *zielorientierte Blickverläufe*. Denken Sie stets daran, daß Sie Ihrem Kunden ein Botschaft vermitteln und/oder einen Kaufanreiz geben möchten.

- ⇨ Mit Hilfe von *Fixationspunkten*, Unterstreichungen, Fettdruck oder Schriftgrößen lenken Sie den Blickverlauf Ihres Kunden. Doch denken Sie daran: Was auf einer Bildschirmseite zu stehen hat, muß für Ihren Kunden auf einem Blick überschaubar sein. Problem hierbei: Unterschiedliche Browser zeigen unterschiedliches Darstellungsverhalten.

- ⇨ Verwenden Sie *nicht zu viele Schriftgrößen* und halten Sie wichtige Dinge, die sich beim Kunden einprägen sollen im oberen, linken Bereich Ihrer Seite fest.

- ⇨ Geben Sie Ihrem Kunden stets die Chance, mit Ihnen *in Kontakt* zu *treten*, entweder telefonisch, per Fax oder E-Mail.

- ⇨ Bieten Sie Ihre Seiten sowohl für ältere Browser ohne Frame-Technik als auch für die aktuellen Browser, die die Frame-Technik unterstützen, an.

- ⇨ Wenn sie Ihre Zielgruppe damit erweitern können, bieten Sie Ihre Seiten sowohl in deutscher als auch in englischer Sprache an.

Wie entsteht ein Multimedia-Titel?

Von der Idee bis zum fertigen Produkt

Haben Sie sich einmal dazu durchgerungen, ein Multimedia-Projekt in Angriff zu nehmen, sind viele Aufgaben zu lösen und Entscheidungen zu treffen. Von der Produktidee bis hin zum fertigen Produkt sind dabei vor allem Teamgeist und Koordinationsvermögen gefragt. Lassen Sie sich nicht über die Einfachheit mancher Multimedia-Produkte hinwegtäuschen. Zu jedem digitalen Projekt gehört eine Mannschaft von Spezialisten. Im Folgenden möchte ich Ihnen dieses Team näher vorstellen bzw. auf die einzelnen Produktionsprozesse und die daran beteiligten Personen eingehen.

Das Multimedia-Team

Immer noch wird fälschlicherweise angenommen, daß für die Realisierung eines Multimedia-Titels lediglich eine Hand voll Programmierer notwendig ist. Doch verbergen sich hinter einem fertigen Produkt weitaus mehr Personen. Wie bei einem Film-Projekt - und dieser Vergleich trifft am besten zu - sind eine Anzahl von Fachspezialisten an einem Multimedia-Projekt beteiligt. Soll ein Produkt den Anschein von Professionalität geben, dann ist dazu immer ein Team nötig. Angefangen von den Urhebern der Idee über Drehbuchautoren und ScreenDesigner bis hin zu den Vervielfältigern der fertigen Master-CD-ROM ist ein ganzer Stamm von Leuten für die Realisierung nötig. Schritt für Schritt arbeiten verschiedene Spezialisten neben- und nacheinander und sorgen so für einen reibungslosen Produktionsablauf.

Damit Sie die Komplexität einer Multimediaproduktion nachvollziehen können, ist es wichtig, daß Sie die verschiedenen Zuständigkeitsbereiche und beteiligten Personen eines Multimedia-Projektes kennenlernen. Im Folgenden werde ich Ihnen die wichtigsten Personen vorstellen, die bei der Realisierung eines umfangreicheren Multimedia-Projektes beteiligt sein sollten. Eine

Person kann auch mehrere Funktionen übernehmen, wenn dabei nicht der Ablauf des Projektes gestört wird. Zu den wichtigsten Personen gehören:

- Konzeptionist und Drehbuchautor
- ScreenDesigner und MedienDesigner
- Projektmanager
- Programmierer

Der Konzeptionist und Drehbuchautor

Der Konzeptionist entwickelt erste Entwürfe für Aufbau und Ablauf des Projektes. Mit Ablaufdiagrammen (⇒ Tip 25) veranschaulicht er die ersten groben Navigationsmöglichkeiten. In Form von Scribbles werden Bedieneroberflächen angedeutet und zusammen mit der Programmierung Realisierungmöglichkeiten, Datenbankanwendungen und verschiedene Darstellungsformen erörtert. Handelt es sich weniger um ein Nachschlagewerk, eine Datenbankumsetzung oder um einen CBT-Titel[8], sondern um eine verkaufsunterstützende Multimedia-Anwendung, dann sollte sowohl der Konzeptionist als auch später der Drehbuchautor Erfahrungen aus dem Marketing mitbringen.

Der Drehbuchautor bekommt den so aufbereiteten Rohentwurf, wobei die entsprechenden Inhalte, Interaktionsmöglichkeiten und Feedbacks von ihm eingearbeitet werden müssen. Er fungiert hierbei als Texter und als Ablauf-Planer. Im Fall eines Lernprogramms muß der Drehbuchautor in der Lage sein, verschiedene Lösungswege und nutzerspezifische Antworten zu geben. Selbstverständlich sollte dem Drehbuchautor dafür eine Fachperson zur Verfügung stehen, die ihm Rede und Antwort auf spezielle Fragen zum Lerninhalt stellen kann. Im Fall eines Marketingtitels, einer Produkt- oder Firmenpräsentation hat er die Aufgabe, die produkt- bzw. firmenspezifischen Aussagen im Drehbuch wiederzugeben. Er erhält dabei oftmals die Unterstützung der Auftragsfirma bzw. der das Unternehmen vertretenden PR-Agentur.

Grundlage für ein Drehbuch im Bereich Aus- und Weiterbildung sind bereits existierende Trainingsunterlagen oder die Darstellung eines Sachverhaltes

---

[8] Computer Based Training

auf Print oder Video. Der Drehbuchautor ist das wichtigste Glied in der Produktion. Mit seiner Umsetzung der Inhalte und gekonnten didaktischen Führung durch das Produkt steht und fällt ein Titel. Bei einem marketingorientierten Multimedia-Produkt sollte der Drehbuchautor zudem in der Lage sein, kundenspezifische Wünsche in den Texten wiederzugeben. Da die Autoren von Lernprogrammen oftmals Pädagogen sind, sollte bei einem verkaufsfördernden Produkt ein Marketingspezialist, d.h. ein professioneller Texter, zu Rate gezogen werden.

Der Drehbuchautor entwickelt so die Programmanweisungen und Anforderungen des Programms für den Programmierer. Konzeption und Drehbuch liegen oftmals in der Hand einer einzigen Person. Der Drehbuchautor hat zudem die Aufgabe, die Wünsche des Kunden in der Konzeption bzw. im entsprechenden Drehbuch wiederzugeben. Er berät den Kunden bereits in der Phase der Ideenfindung bzw. der Konzeption.

Der ScreenDesigner und MedienDesigner

Der Drehbuchautor arbeitet eng mit dem ScreenDesigner und MedienDesigner zusammen. Während sich der ScreenDesigner in erster Linie um die Gestaltung der Bildschirmseiten kümmert, ist der MedienDesigner für die Erstellung von Ton, Video und auch Animationen verantwortlich. Oftmals werden die Tätigkeiten des MedienDesigners auch vom ScreenDesigner übernommen. Dieser ist dann verantwortlich für das gesamte „look and feel" des Produktes, wie das im Computerjargon bezeichnet wird. Er gestaltet die einheitlichen Benutzeroberflächen, entwickelt die verschiedenen Bedienungselemente für die Navigation und setzt die Inhalte gestalterisch um. Daneben sorgt der ScreenDesigner oft auch für die fachgerechte Aufbereitung des gesamten Bild- und Filmmaterials. Die Erstellung einfacher Scans und die Bearbeitung des digitalen Fotomaterials gehören ebenso zu seinem Aufgabengebiet. Er kümmert sich auch um die Digitalisierung von Videomaterial und die Erstellung einfacher Animationssequenzen.

Im einzelnen umfaßt der Bereich des ScreenDesigners:
- die Erstellung erster Entwürfe als Scribbles auf Papier und am Rechner
- kreative, kunden- und produktorientierte Umsetzung
- die Entwicklung erster Layouts als Prototyp zur Auswahl beim Kunden
- die Entwicklung individueller, kundenorientierter Bedieneroberflächen nach wahrnehmungspsychologischen Grundsätzen

- die Entwicklung und Bearbeitung individueller Symbole und Grafiken
- die gestalterische und benutzerorientierte Anordnung von Texten auf dem Bildschirm
- die *Bearbeitung* und Integration des gelieferten Bild- und Filmmaterials
- Umsetzung der entwickelten Screenlayouts sowohl für Off- als auch für Online-Produkte
- die Festlegung der Farbpaletten für die programmtechnische Umsetzung
- die Kontrolle der Tonaufnahmen im Studio bzw. bei der Digitalisierung.

Grundsätzlich ist festzuhalten, daß vom ScreenDesinger sehr viel Kreativität gefordert wird, er aber stets die Zielgruppe und das Produkt vor Augen haben muß. Er ist meist für die Akzeptanz eines Produktes verantwortlich und benötigt viel Fingerspitzengefühl, die CI eines Unternehmens und deren Aussagen gestalterisch so darzustellen, daß das Produkt sowohl von Firmen- als auch von Käuferseite akzeptiert wird. Die Faustregel jedes ScreenDesigners sollte sein:

> ⇨ *form follows function* **oder**: Die Funktionalität steht vor der ästhetischen Empfindung - denke dabei an Kunde und Adressaten.

Der Projektmanager

Für den reibungslosen Ablauf eines Projektes ist der Projektmanager verantwortlich. Er kümmert sich um das Zusammenspiel der verschiedenen Projektbeteiligten, koordiniert und kontrolliert. Seine Aufgabe besteht in erster Linie darin, einen reibungslosen Ablauf eines Projektes zu garantieren. Wichtigstes Instrument für ihn ist ein übersichtlicher Projektplan mit der Möglichkeit, Termine genauestens festzulegen. Hilfreich hierfür sind Projektmanagement-Softwareprogramme, die zugleich eine Kostenkalkulation beinhalten. Der Projektbetreuer hat alle Termin zu koordinieren und ist stets auf dem Laufenden.

Ein Projektablaufplan sollte für jeden Beteiligten am Projekt ersichtlich und zugänglich sein. Dafür gibt es besondere Projektpläne, z.B. als Magnettafel oder Papierpläne mit verschiedenen Zeitleisten und Projektspalten. Kommt es bei einer Projektrealisation zu einer plötzlichen Terminverschiebung, z.B. durch Materiallieferschwierigkeiten, technische Ausfälle, Programmänderungen o.ä., muß der Projektmanager in der Lage sein, blitzschnell die zeitlichen Auswirkungen einschätzen zu können.

Das Multimedia-Team 35

Hat er genügend Pufferzeit eingeplant, ändert sich der Endtermin der Produktabgabe kaum. Bei größeren Verschiebungen hat der Projektmanager die Aufgabe, sowohl die Produktion als auch den Auftraggeber schriftlich davon in Kenntnis zu setzen. Innerhalb der Projektgruppe müssen die Termine neu geregelt und alle entsprechend informiert werden. Oberstes Ziel ist es, ein Projekt so zu planen, daß es termingerecht fertiggestellt werden kann.

Eine weitere Aufgabe, die auch in den Zuständigkeitsbereich des Projektmanagers gehört, ist die Überwachung und Koordination der verschiedenen Produkt-Testphasen vor Fertigstellung. Er teilt die Testpersonen ein, konzipiert zusammen mit der Programmierabteilung den Ablauf der Tests und die Formalitäten der Testprotokolle. Zusätzlich überwacht er die Durchführung der Korrekturen aller gefundenen Mängel und sorgt für den Abschlußtest, bevor das Produkt als Endversion an den Kunden ausgeliefert wird.

Die Programmierer

Je nach der Größe des Multimedia-Projektes werden zwei oder mehr Programmierer benötigt. Sie sind nicht immer fest angestellt. Ähnlich wie bei der Entwicklung eines Films wird oft mit einem Netzwerk von freien Mitarbeitern projektabhängig zusammengearbeitet.

Der Leiter des Programmierteams konzipiert zunächst die programmtechnische Umsetzung des Programms. Er ist auch bei der eigentlichen Produkt- und Drehbuchplanung der direkte Ansprechpartner, wenn es um Fragen der Realisierbarkeit geht. Er entscheidet und delegiert, welche Programmodule entwickelt werden müssen. Wichtig innerhalb eines Programmierteams ist vor allen Dingen der Informationsfluß. Jedes Teammitglied sollte stets über den aktuellen Arbeitsstand seines Kollegen unterrichtet sein. Die Fäden laufen wiederum beim Leiter der Programmierabteilung zusammen.

Er ist es auch, der im engen Kontakt mit Projektmanager und Kunden steht, wenn es um programmtechnische Belange geht. Zudem sollte der Leiter der Programmierabteilung bei den ersten Gesprächen mit dem Kunden anwesend sein. Der technische Teil des Pflichtenheftes wird vom Leiter der Programmierabteilung ausgearbeitet und eventuelle Unstimmigkeiten über den Projektleiter bzw. dem Kunden abgeklärt.

Die wichtigsten Phasen in einem Multimedia-Projekt

Wie bei jeder Produktion sind auch bei einem Multimedia-Projekt verschiedene, genau aufeinander abgestimmte Phasen zu unterscheiden. Es bedarf einer Vielzahl geplanter Einzelschritte, um einen reibungslosen Projektablauf zu gewährleisten. Um Ihnen einen Überblick über Komplexität eines Multimediaprojektes verschaffen zu können, habe ich Ihnen im Folgenden die wichtigsten Abschnitte in ihrer zeitlichen Abfolge zusammengestellt.

Bei der Planung und Realisierung eines Projekts sind stets verschiedene Personen, Abteilungen und auch Fremdfirmen beteiligt, falls Sie deren Dienstleistung in Anspruch nehmen müssen. Wichtig ist die genaue Abstimmung der einzelnen Arbeitsschritte. Nur durch eine sorgfältige Planung, die bereits bei der Ideenfindung beginnt, kann ein Projekt zielgerichtet entwickelt werden. Auch das oftmals so kreativ erscheinende Chaos einiger Multimedia-Agenturen muß straff organisiert sein, damit die Arbeitsschritte aufeinander abgestimmt werden können.

Doch lassen Sie mich zunächst einmal die wichtigsten Arbeitsschritte bei einem Multimedia-Projekt nennen und kurz beschreiben.

Die Rahmenbedingungen

Das erste Briefing mit dem Dienstleister: Input

Sie haben sich für die Entwicklung eines digitalen Projektes entschieden und suchen nun den geeigneten Dienstleister für die Realisierung. Vielleicht haben Sie diesen aber auch schon gefunden. Im ersten Gespräch mit der Multimedia-Firma werden Sie zunächst einmal Ihre *Vorstellungen und Wünsche* zu Ihrem Produktvorhaben äußern. Ihre Aufgabe ist es, Ihr Vorhaben dem Dienstleister so verständlich darzulegen, daß er sich ein *erstes Bild* von Ihren Produktideen und Ihren Wünschen machen kann. Das erste Gespräch ist die Ausgangsbasis für ein erstes Angebot. Geben Sie so viel Informationen wie möglich. Falls Sie sich noch nicht für einen Dienstleister entschieden haben, holen Sie *verschiedene Angebote* ein, indem Sie jedem eingeladenen Dienstleister dieselben Grundinformationen geben. Je mehr Zusatzinformationen ein Dienstleister aus Ihnen herauslocken kann, um so detaillierter wird auch das Angebot und um so genauer kann er den Produktionsablauf einschätzen und kalkulieren.

Wichtig ist, daß sich Ihr Dienstleister, der in diesem Fall auch gleichzeitig als Ihr Berater fungieren kann, eine Art *Fragenkatalog* vorbereitet hat, anhand dessen er bereits einige *Grundlagen für die Produktentwicklung* festhalten kann. Hierzu gehören zum Beispiel die Klärung der Hardwarevoraussetzungen, die Frage des Trägermediums und des Betriebssystems, auf dem Ihr Produkt entwickelt und lauffähig sein soll. Hierzu gehört auch eine erste Analyse der bei Ihnen vorhandenen Medien, wie Bild-, Text-, Ton- oder Videomaterial, und wo die Urheberrechte liegen. Zusammen mit dem Multimedia-Dienstleister erstellen Sie einen ersten, *groben Ablaufplan* Ihrer Produktidee und entwickeln mit ihm die ersten konkreteren inhaltlichen Elemente. Dies ist wie eine Bestandsaufnahme, aufgrund derer Ihnen der Dienstleister ein erstes Angebot für die Produktionskosten macht.

Bei dieser Gelegenheit sollten Sie auch gleich klären, wer die *Projektleitung* in Ihrem Unternehmen übernimmt und wer der betreffende Ansprechpartner beim Dienstleister ist. Falls Sie eine Agentur für Ihre PR-Maßnahmen eingeschaltet haben, klären Sie gleich von Anfang an, wer für das Design des Produktes verantwortlich ist. Sowohl die Frage der Verpackung als auch die des ScreenDesigns des digitalen Produktes müssen geklärt werden. Oftmals sind Marketing-Agenturen in der Lage, auch den Bereich des ScreenDesigns anzubieten. Klären Sie diese Frage im Vorfeld. In der Regel bieten die Multimedia-Firmen einen digitalen *Rundumservice* an. Mit anderen Worten, sie übernehmen neben der eigentlichen Programmierung und der Digitalisierung der Inhalte, Konzeption und Interaktionsverläufe auch die Entwicklung eines firmengerechten Designs sowie die gewünschte Verpackung, marketingorientiertes Texten und die Vervielfältigung Ihres Produktes.

Oft können Sie auch einen *Fullservice* nutzen, bei dem ein zusätzliches *Marketingkonzept* für den Vertrieb bzw. die Verbreitung Ihres digitalen Produktes entwickelt wird. Bei dieser Variante werden Sie rundum betreut, sollten aber darauf achten, daß die genannten Spezialisten Ihnen verschiedene Referenzprodukte zur Überprüfung zukommen lassen. Natürlich arbeiten diese Dienstleister wiederum mit verschiedenen Spezialisten zusammen. Der Vorteil liegt darin, daß Sie sich nicht um diese Dinge kümmern müssen und letztendlich nur Ihre Produktidee und die Inhalte zur Verfügung stellen. Lassen Sie sich ein Angebot mit verschiedenen Varianten machen. Dazu gehört auch die Möglichkeit, daß Ihre Agentur einen Teil der Medien entwickelt oder zumindest bei der Konzeption mitwirken kann. Welche Gefahren das mit sich bringt lesen Sie ⇒ ab Tip 19.

Alle im ersten *Briefing* mit dem Dienstleister getätigten Angaben fließen in das erste Angebot ein. Vergessen Sie auch nicht, nach dem Entwicklungszeitraum zu fragen, den Ihr Dienstleister für das Produkt veranschlagt, und nennen Sie ihm Ihre zeitlichen Vorstellungen.

Mit Ihren Angaben, dem ersten Grobentwurf und dem abgearbeiteten Fragenkatalog macht sich der Dienstleister erst einmal daran, ein detailliertes Angebot für Sie zu erstellen. Falls zwischenzeitlich noch Fragen auftauchen sollten, können diese telefonisch bzw. schriftlich nachgearbeitet werden oder Sie setzen dafür ein zweites Treffen, als *rebriefing* an. Das erste Beratungsgespräch ist als Vorleistung des Dienstleisters zu sehen und dient der Angebotserstellung. Ein zweites Treffen könnte bereits in Rechnung gestellt werden, falls es noch nicht zu einer Unterzeichnung eines Vorvertrages gekommen ist.

Das Angebot und die Zahlungsmodalitäten

Es gibt verschiedene Angebote. Oft werden für die Realisierung eines Projektes lediglich Komplettpreise genannt. Je aufgeschlüsselter ein Angebot erstellt wurde, desto transparenter ist es auch für den Auftraggeber. Ihr Dienstleister sollte zumindest die wichtigsten Posten wie Programmierung, ScreenDesign, Pflichtenheft und Drehbuchentwicklung als separate Punkte mit den entsprechenden Preisvorstellungen aufführen.

Im Angebot sollte der Projektumfang in den wichtigsten Punkten dargestellt sein. Dies kann in Form eines groben Ablaufplans oder ausformuliert erscheinen. Zusätzlich sollten die wichtigsten Punkte Ihres Vorgespräches beinhaltet sein. Beachten Sie auch, daß die Projektdauer bereits mit ins Angebot aufgenommen wurde. Selbstverständlich wird im Angebot noch kein vollständig ausformuliertes Pflichtenheft enthalten sein. Dies wird manchmal als eigener Entwicklungsposten angeführt und dient als Projektentwicklungsleitfaden für beide Parteien. In der Regel wird dieser Posten sehr hoch kalkuliert, da das gesamte Konzept sowohl in inhaltlicher als auch programmtechnischer Hinsicht, darin dokumentiert ist. Ausführliche Pflichtenhefte beinhalten bereits eine vollständige Dokumentation der Interaktionen, des ScreenDesigns und das programmiertechnische Konzept. Lassen Sie sich von Ihrem Dienstleister die Projekttagessätze von Programmierern und Me-

Die Rahmenbedingungen 39

dienDesigner nennen. So können Sie auch spätere Zusatzleistungen besser einschätzen.

Die *Zahlungsmodalitäten* sind oft sehr unterschiedlich, doch hat sich in dieser Branche das Drittelmodell als sehr geeignet herausgestellt. Hierbei wird das erste Drittel der vereinbarten Projektsumme nach Vertragsunterzeichnung oder erst nach Abgabe und Freigabe des Pflichtenheftes bezahlt, das zweite Drittel nach Abgabe der ersten Beta-Version[9] und das letzte Drittel nach Abnahme des Endproduktes durch den Auftraggeber.

Der Projektvertrag

Sind Sie mit dem Angebot und dem Vorgehen Ihres Multimedia-Dienstleisters einverstanden, sollten Sie gemeinsam einen Projektvertrag ausarbeiten. Darin wird das Projekt genau beschrieben, der Entwicklungszeitraum incl. Abgabedatum des Endproduktes genannt und die Zahlungsmodalitäten festgehalten. Zusätzlich verweisen Sie darin auf das zu erstellende Pflichtenheft, welches als Grundlage für die Entwicklung gilt.

Natürlich können Sie zunächst auch nur einen Projektvertrag über das Pflichtenheft abschließen. Sie unterzeichnen dann erst nach Abnahme des Pflichtenheftes, nach dessen Angaben das Produkt verbindlich entwickelt werden soll, einen neuen Projektvertrag. Der Multimedia-Dienstleister geht dabei zwar die Gefahr ein, daß Sie mit dem fertigen, detailliert ausgearbeiteten Pflichtenheft zu einem anderen Unternehmen gehen und Ihr Projekt dort entwickeln lassen, doch liegen Pflichtenheft und Realisierung in den meisten Fällen in derselben Hand.

Im Projektvertrag halten Sie zudem fest, wer die Rechte am Endprodukt besitzt, wem der Quellcode[10] zur Verfügung gestellt wird und zumeist auch, daß ein ähnliches Produkt mit ähnlichem Aufbau, Inhalt und ScreenDesign nicht für ein Konkurrenzunternehmen entwickelt werden darf. Wurde zum Beispiel ein eigenes Datenbankmodul für Ihr Produkt designt, so können Sie darauf bestehen, daß dieses Modul in keiner anderen Anwendung mehr eingesetzt werden darf. Zum Quellcode, der Ihnen auf einem vereinbarten Da-

---

[9] Erste Programm-Version, die weder vollständig noch fehlerfrei ist.
[10] Programm und alle Programmteile in der Programmiersprache, in der sie entwickelt wurden, vor der Übersetzung (Compilierung) zum lauffähigen Programm.

tenträger ausgehändigt werden soll, kommt noch eine technische Dokumentation, die in aller Regel nach Fertigstellung ausgehändigt wird. Auch sie sollte Bestandteil des Projektvertrages sein. Denken Sie ebenfalls an eventuelle zusätzliche Wartungs- und Hotlineverträge. Lesen Sie mehr dazu ⇒ in Tip 37 oder 46.

Der Produktionsablauf

Pflichtenheft und/oder Drehbuch

Im Pflichtenheft werden alle für das Produkt wichtigen Details festgehalten. Mit einem gut ausgearbeiteten Pflichtenheft ist ein Multimedia-Unternehmen in der Lage, das darin beschriebene Produkt zu entwickeln. Achten Sie darauf, daß jeder Screen in seiner Funktionalität erläutert wird. Sämtliche Interaktionsmöglichkeiten sollen darin bereits aufgeführt sein. Das Layout der einzelnen Bildschirme kann in Form von kleinen Scribbles dargestellt und der Verlauf des Programms in einem ausführlichen Flußdiagramm gezeigt werden. Das Pflichtenheft ist die Diskussionsgrundlage für Auftraggeber und Dienstleister.

Beim Drehbuch, das mehr auf die inhaltliche Seite des Produktes eingeht, werden sämtliche Texte, Animations-, Video- und Tonsequenzen detailliert beschrieben und aufgezeigt, wo diese plaziert sind. Zudem wird ein didaktisches Interaktionskonzept erarbeitet, wie ein Lernender den Stoff vermittelt bekommt und welche Aufgabentypen ihm zur Verfügung gestellt werden. Bei Lernprogrammen sind die verschiedenen Feedbacks dargestellt und die Interaktionsmöglichkeiten erklärt. Sehr ausführliche Drehbücher werden in der Regel bei Lehr-/Lernprogrammen und Abenteuerspielen entwickelt. Sie dienen als Programmierleitfaden und zur genauen Erstellung der Inhaltstexte und Aufgaben. Bei Projekten mit immer wiederkehrenden Elementen, wie z.B. datenbankbasierende Nachschlagewerke, genügt ein Pflichtenheft, worin die jeweiligen Bildschirmseiten exemplarisch erläutert werden und das Grobkonzept der Datenbankfunktion beschrieben wird. Lesen Sie mehr zum Thema Pflichtenheft und Drehbuch ⇒ in den Tips 24 und 39.

Der Produktionsablauf 41

Medienproduktion

Bei der Medienproduktion werden die inhaltlichen Elemente entwickelt. Es werden z.b. Texte in Datenbanken eingegeben, Hilfetexte für die Bedienung geschrieben, Screens für die verschiedenen Seiten entworfen, Filme gedreht und/oder digitalisiert, Texte für die Sprecher geschrieben und im Tonstudio produziert, Animationen ausgearbeitet und entwickelt, Geräusche und Hintergrundmusik erstellt oder von Fremdanbietern eingekauft.

Sie werden feststellen, daß dies einen der aufwendigsten Teile eines Multimedia-Produktionsprozesses darstellt. Es sind viele Einzelschritte notwendig, damit am Ende alle Puzzleteile zusammengefügt und in das Programmgerüst eingearbeitet werden können. Jeder Einzelschritt muß vor und nach der Fertigstellung abgesprochen und vom Auftraggeber anschließend freigegeben werden. Die Medienproduktion sollte dabei in verschiedenen Phasen ablaufen. Hilfetexte werden z.b. erst am Schluß entwickelt, hingegen sollten die Interaktionsmöglichkeiten für das ScreenDesign von Anfang an festgelegt werden. Lesen Sie mehr zur Medienproduktion ⇒ ab Tip 26.

Vom Prototyp zum Endprodukt

Das zu entwickelnde Produkt wird in verschiedenen Phasen realisiert. Da es am Anfang noch sehr einfach ist, verschiedene Änderungen am Produkt vorzunehmen, wird auch hier in verschiedenen Abschnitten entwickelt. Die Visualisierung der Arbeitsergebnisse steht dabei stark im Vordergrund. Um einen Eindruck der verschiedenen Darstellungs- und Interaktionsmöglichkeiten zu bekommen, wird zunächst ein *Prototyp* erstellt, der das erarbeitete Screenlayout visualisiert. Dies kann mit einfachen Präsentationsprogrammen geschehen und bedarf keiner aufwendigen Programmierung.

Nach der Festlegung des gewünschten Bildschirmdesigns und der verschiedenen Interaktionsmöglichkeiten wird ein erster *programmtechnischer Prototyp* entwickelt, der auch als *Alpha-Produkt* bezeichnet wird. Erste Funktionalitäten sind darin sichtbar, doch hat dieses Alpha-Produkt keinerlei Anspruch auf Vollständigkeit. Sie erkennen darin lediglich das Programmgerüst. Seien Sie also nicht enttäuscht, wenn es dem gewünschten Endergebnis noch sehr entfernt erscheint. Die Entwickler arbeiten dabei auch mit sogenannten Dummies, d.h. anstelle verschiedener Medien wird exemplarisch z.B. nur immer ein Text, eine Film- oder eine Tonsequenz angesprochen.

Die nächste Phase wird als *Beta-Phase* bezeichnet. Wie viele Beta-Phasen bzw. Beta-Versionen Sie vor der eigentlichen Fertigstellung zu Gesicht bekommen, hängt allein von den vertraglichen Abmachungen ab. Die Erfahrungen haben gezeigt, daß in dieser Phase bis zu drei Beta-Versionen für den Kunden entwickelt und zum Test zur Verfügung gestellt werden; erst die beiden letzten Beta-Versionen werden zu richtigen Testzwecken mit Fehlerprotokollierung herangezogen. Für die Beta-Phase sollten Sie mehrere Testpersonen und Testrechner einplanen. Natürlich wird Ihnen Ihr Dienstleister zwischenzeitlich auch die Möglichkeit einräumen, den aktuellen Projektstand in seinem Hause zu begutachten. Mehr über Beta-Tests und die verschiedenen Phasen lesen Sie ⇒ in den Tips 40 und 83.

Endabnahme, Produktion und Abschlußgespräch

Das fertige Produkt wird Ihnen vor der Freigabe zur Endkontrolle und zum letzten Test zur Verfügung gestellt. Ihre Aufgabe ist es jetzt, das Produkt noch einmal auf „Herz und Nieren" zu prüfen. Oft tauchen dabei noch kleine Schönheitsfehler auf. Nach der Beseitigung aller Unstimmigkeiten wird das fertige Produkt schriftlich für die Vervielfältigung freigegeben. Im Vorfeld wurden bereits die Layouts für die Verpackung und den Aufdruck auf die Diskette oder CD-ROM entwickelt und freigegeben.

Wichtig für weitere Projekte und einen zufriedenstellenden Projektabschluß beider Seiten ist ein gemeinsames Projektabschlußgespräch. Zusammen mit den Projektverantwortlichen sollten Sie bei einem zwanglosen Treffen die wichtigsten Punkte des Projektablaufs aufgreifen und die eventuell aufgetretenen Probleme organisatorischer oder technischer Art noch einmal ansprechen sowie nach eventuellen Lösungsmöglichkeiten suchen. Natürlich sollte der Abschluß des Projektes auch genügend gewürdigt werden. Wie bei einem abgeschlossenen Film sollte das Filmteam, in diesem Fall das Multimedi-Team, das abgeschlossene Projekt auch feiern.

Ablaufdiagramme erleichtern das Projekt

Wichtig für Planung und Entwicklung eines digitalen Produktes ist die grafische Darstellung in Form eines Flußdiagramms, auch bezeichnet als Ablaufdiagramm. Anhand dieses „Bauplans" entwickeln Sie den Aufbau und die

Interaktionsmöglichkeiten Ihres Produktes. Zunächst wird ein grober Ablaufplan erstellt, aus dem die Hauptbereiche des Programms ersichtlich sind. Hier erfassen Sie die Grobstruktur Ihres Produktes und die Hauptwege, die bei der Benutzerführung möglich sind.

Der Ablaufplan wird zunächst auf einem Flipchart im Team erarbeitet und stichpunktartig aufgezeichnet. Das so entstandene Ablaufdiagramm wird dann am PC überarbeitet und ergänzt. Für die Erstellung dieser Baupläne existieren diverse Softwareprogramme. Der Umfang eines Ablaufdiagramms hängt ganz von den integrierten Details ab. Werden zum Beispiel alle Medien (wie Ton, Animation oder Video) eingezeichnet, so kann ein Diagramm schnell das Ausmaß mehrerer Seiten bekommen.

In der Regel werden mehrere Flußdiagramme entwickelt. Ein Grobablaufplan zeigt den oberflächlichen Bauplan, die Struktur des Programms. Er ist nützlich für erste Diskussionen am Projekt. Je feiner ein Ablaufdiagramm entwickelt wird, desto genauer lassen sich die verschiedenen Navigationswege und die in den einzelnen Seiten zu integrierenden Medien nachvollziehen. Die meisten Multimedia-Programme bestehen nämlich oft nur aus unterschiedlich gefüllten Seiten, die durch Verweise angesprungen und die darin enthaltenen Medien aufgerufen werden können. Der Aufbau des Produktes wird im Ablaufdiagramm übersichtlich dargestellt. Es gleicht einer Landkarte, die Möglichkeiten aufzeigt, wie einzelne Wege im Programm zu beschreiten sind.

Entwicklungszeit und Terminverzögerungen

Wieviel Zeit Sie für den Entwicklungsprozeß eines Multimedia-Projektes veranschlagen können, hängt ganz allein vom Umfang und der Komplexität des Produktes ab. Kann bei der Entwicklung auf bereits vorhandenes Material, Softwaremodule und auf ein detailliert ausgearbeitetes Konzept zurückgegriffen werden, so können Projekte, wie z.B. eine Firmenpräsentation auf Diskette oder die Präsentation Ihres Unternehmens im Internet, in ein bis zwei Monaten fertiggestellt werden. Auch einfache Datenbankabfragen ohne aufwendiges ScreenDesign auf CD-ROM lassen sich in nur wenigen Wochen in ein Produkt umsetzen. Schwierig, weil zeitlich oftmals nicht leicht zu berechnen, wird es bei der Produktion von umfangreichen Multimedia-Titeln wie Lexika oder Lernprogramme mit aufwendigen Aufgaben und individuellen Feedbackmöglichkeiten, wenn z.B. jeder Lernschritt beobachtet und aufgezeichnet werden soll. Genaue Angaben können hierfür nicht gemacht werden. Erst die exakte Analyse der Details und der Softwareanforderungen ermöglichen eine Zeitkalkulation.

Entscheidend für Ihre Kalkulation und das Marketing ist der Erscheinungstermin des fertigen Software-Produkts. Noch vor der Fertigstellung werden sämtliche Hebel in Bewegung gesetzt, um das Produkt richtig zu vermarkten und entsprechend zu plazieren. Der Termin der Fertigstellung wurde bereits in den Verträgen festgelegt. Der Dienstleister hat Ihnen den Endtermin zugesichert, und alle arbeiten fieberhaft auf diesen Termin hin. Jeder versucht sein Bestes zu geben. Zu Beginn werden alle Termine genauestens eingehalten, und bei kleineren Unwegsamkeiten sind auch kleinere Verzögerungen eingeplant. Ein gutes Projektmanagement hat immer Puffer für kleinere und mittlere Entwicklungsverzögerungen.

Doch oft kommt alles nicht so, wie man es sich in seinen Projektplänen vorgenommen hat. Die Schauspieler für die Filmsequenzen sind kurzzeitig ausgefallen, die Technik spielt den Entwicklern einen Streich, die Verträge mit den Nutzungsrechten sind noch immer nicht unterzeichnet worden oder das versprochene Update, d.h. die endgültige und fehlerfreie Version der Entwicklungssoftware, wird mit mehreren Wochen Verspätung geliefert.

Wie Sie sehen, gibt es eine Menge an Unwegsamkeiten. Softwareentwicklung - und insbesondere ein umfangreiches Multimediaprojekt - ist ein zeitlich sehr schwer einzuschätzender Prozeß. Trotz aller Absicherungen, vorsorglicher Planungen und vieler Tests im Vorfeld werden Sie immer wieder damit konfrontiert werden, daß eine Softwareentwicklung nicht zum vereinbarten Termin fertiggestellt werden kann. Das liegt nicht unbedingt am Entwickler. Eine Vielzahl von Konstellationen können einen Entwicklungsprozeß rasch zu einem komplizierten Unterfangen machen. Zusätzlich herbeigeschaffte Kapazitäten können zwar schnell zur Verfügung gestellt werden, doch bedarf es auch hier erst einer personellen Einarbeitungszeit.

Planen Sie also auch intern, trotz des vertraglich festgesetzten Abgabetermins, eine großzügige Pufferzeit ein. Eine Überziehungszeit von zwei bis drei Wochen liegt immer noch im Toleranzbereich. Alles, was darüber hinaus verspätet fertiggestellt wird, sollte in Form von Vertragsvereinbarungen individuell geregelt werden. Dafür gibt es unterschiedlichste Modelle.

Entwicklungszeit und Terminverzögerungen

Sie können
- einen Teil der oder die gesamte Bezahlung verweigern, falls das Produkt am vereinbarten Zeitpunkt immer noch nicht fertiggestellt und von Ihnen freigegeben wurde.
- für jeden verspäteten Tag eine gewisse Summe von der vereinbarten Endsumme zurückfordern, und dies bis zu einem schriftlich festgehaltenen Limit (Konventionalstrafe).
- ein bereits geplantes Folgeprojekt zu besseren Konditionen entwickeln lassen..
- eine eventuell vereinbarte Provisionssumme kürzen oder gänzlich streichen.
- vom Vertrag komplett zurücktreten und die bereits ausgezahlten Entwicklungsgelder zurückfordern und/oder auf Schadensersatz klagen.

Die letzt genannte Möglichkeit kommt allerdings nur bei schwerwiegenden Fällen zur Anwendung. Dennoch sollten Sie bereits bei der Vertragserstellung an diese Eventualitäten denken. Handelt es sich bei Ihrem Produkt um ein *give away* für die Kunden ohne große Vorankündigung oder um Ihren ersten Auftritt im Internet, der auch Ihnen nur als Versuch gilt, dann sollten Sie Ihr Projekt zwar mit Nachdruck zu Ende bringen, doch nicht unbedingt Ihren Dienstleister mit allen Mitteln unter Druck setzen, wenn er bereits in den letzen Zügen der Fertigstellung liegt.

Wie ich in den vielen Jahren bei Multimedia-Projekten erkannte, waren die meisten Multimedia-Dienstleister stets darauf bedacht, ihre Produkte gewissenhaft und mit entsprechender Sorgfalt zu entwickeln. Letztendlich hängen von einem gut entwickelten Produkt Folgeaufträge ab. Einen Imageverlust können sich kleine bis mittelständische Dienstleistungsunternehmen in dieser Branche keinesfalls leisten. Daher wird meist kundenorientiert und zu Ihrem Vorteil gearbeitet. Einige wichtige Hinweise zum Thema Entwicklungsphasen lesen Sie $\Rightarrow$ in Tip 40.

99 Profitips für Ihr Multimedia-Projekt

Im folgenden möchte ich Ihnen nun für die Durchführung Ihres Multimedia-Vorhabens konkrete Tips an die Hand geben.

Nehmen Sie sich Zeit für das Durcharbeiten der Ratschläge. Nicht jeder Tip wird Sie gleichermaßen betreffen, doch sollten Sie sich dennoch alle Hinweise kurz überfliegen. Oftmals geben die Tips neue Ansätze und Anregungen für ein Projekt wider oder helfen Ihnen, Ihr Vorhaben noch einmal genau zu analysieren. Benutzen Sie die Tips wie ein Planungsraster, anhand dessen Sie Ihren persönlichen Fragenkatalog und Ihr eigenes Projektmanagement entwickeln.

Die Tips sind chronologisch aufgebaut, d.h. Sie finden sie größtenteils in der Reihenfolge vor, in der Sie auch Ihr digitales Projekt angehen, planen und durchführen sollten. Jeder der Tips wird zunächst mit einer Frage oder einer Feststellung eingeleitet. Im anschließenden Text wird auf diese Frage näher eingegangen, werden verschiedene Hinweise gegeben oder zusätzliche Fragen an Sie gestellt, die Ihr Projekt bzw. Ihr Vorhaben betreffen könnten. Am Ende fast aller Tips werden die wichtigsten Punkte in Form von Stichpunkten und Kernaussagen noch einmal zusammengefaßt; ich nenne das „Kurztip".

Nutzen Sie die Tips als Nachschlagewerk, Projektleitfaden und Brainstorming-Werkstatt!

Abb. 2: *Tips nach Themen geordnet*

Um Ihnen den Einstieg zu erleichtern, habe ich die Tips zunächst nach thematischen Gruppen aufgegliedert. Die Icons zu Beginn jedes Tips zeigen Ihnen, welcher Schwerpunkt der jeweilige TIP hat.

TIP 1 *Welches Projekt möchten Sie auf welchem Trägermedium realisieren?*

Nicht jeder Stoff eignet sich für die Umsetzung zum digitalen Titel. Zwar ist derzeit der Versuch zu beobachten, jeden Inhalt in digitaler Form zu präsentieren, doch sollten Sie sich davon nicht irritieren lassen. Bevor Sie nur einen Schritt in Richtung digitales Produkt unternehmen, müssen Sie sich darüber klar werden, welches Projekt Sie realisieren möchten, welche Inhalte Ihnen bereits zur Verfügung stehen, was Ihr Trägermedium sein soll und wie hoch Ihr Budget dafür ist.

Nehmen wir einmal eine Firmenpräsentation: Die kostengünstigste Realisierung bekommen Sie derzeit im Internet. Dennoch können Sie nicht davon ausgehen, daß jedes Mitglied Ihrer Zielgruppe bereits das Netz nützt bzw. die dazu benötigte Hardware und den Online-Zugang besitzt. Daher sollten Sie bei der Konzeption Ihrer Präsentation bereits zweigleisig fahren. Entwickeln Sie sowohl für das Medium Diskette als auch für das Internet. Firmenpräsentationen auf CD-ROM eignen sich nur dann, wenn die entsprechenden Inhalte unbedingt multimedial präsentiert werden müssen. Die Streuverluste für CD-ROMs sind bei reinen Marketingmaßnahmen noch zu hoch.

Um erste Erfahrungen mit dem digitalen Medium zu sammeln und Ihr Unternehmen digital zu präsentieren, steigen Sie mit einem Diskettenprodukt und der Präsenz im Internet ein; der zweite Schritt ist die CD-ROM. Haben Sie sich bereits entschieden ein vermarktbares multimediales Produkt zu realisieren, so ist derzeit nur die CD-ROM als Trägermedium geeignet. Nachschlagewerke, Lehr-Lernprogramme, Produkt- und Verkaufskataloge, Unterhaltungstitel, Spiele, Ratgeber, Zeitungsarchive und allgemeine Anwenderprogramme werden derzeit auf CD-ROM entwickelt. Verknüpfungen mit dem Internet können integriert werden.

> ☑ **Kurztip:**
> **Realisieren Sie einfache Firmenpräsentationen und Einstiegsprojekte auf Diskette und im Internet - Testen Sie Ihre Zielgruppe - Überprüfen Sie bereits vorhandene Inhalte - Vermarktbare Produkte auf CD-ROM und in Verbindung mit dem Internet entwickeln.**

TIP 2 *Welches Produkt möchten Sie entwickeln?*

Für die Entwicklung eines Multimedia-Produktes bieten sich eine Vielzahl von Möglichkeiten an. Machen Sie sich zunächst Gedanken darüber, welches Ihr Produkt sein soll und wie groß Ihre Zielgruppe dafür ist.

Hier einige Fragen zur Anregung für Ihr Projektvorhaben:
- Möchten Sie Ihr Multimedia-Produkt als reines Marketing-Instrument zur *Gewinnung von Neukunden* und Produktinteressenten einsetzen?
- Soll das Produkt eher einen *Präsentationscharakter* besitzen oder soll Ihr Adressat damit einen interaktiven Produktlehrgang beschreiten?
- Geht es Ihnen in erster Linie um die Entwicklung eines *originellen Werbegeschenkes* oder um eine *kundenorientierte Produktlösung* als Verkaufsunterstützung Ihrer Dienstleistungen und Produkte?
- Soll Ihre Anwendung zusätzlich als *vermarktbares Produkt* in den Handel kommen oder vertreiben Sie es nur *firmenintern*?
- Planen Sie eine reine *Produkt- oder Firmenpräsentation* mit einfachen Ausdruck- oder Bestellmöglichkeiten oder möchten Sie gleich einen *Gesamtkatalog* mit all Ihren Waren als digitales Produkt entwickeln?
- Planen Sie, Ihr Produkt sowohl als *Off- und Online-Medium* umzusetzen?

Wie Sie erkennen, müssen Sie bereits im Vorfeld einige wichtige Fragen zur Intention Ihres Produktes klären. Setzen Sie sich genaue Ziele für die Aussage und den Inhalt des Produktes. Entwickeln Sie nicht an Ihrer Zielgruppe und Ihrem Kunden vorbei.

> ☑ Kurztip:
> Machen Sie sich zuerst Gedanken über Inhalt und Zielgruppe Ihres Multimedia-Produktes – Überlegen Sie sich genau, welche Inhalte produktrelevant sind.

TIP 3 Warum möchten Sie Multimedia einsetzen?

Das ist eine wichtige Frage, die Sie sich zu Beginn Ihrer Entscheidung über ein Multimedia-Produkt stellen sollten. Stellen Sie sich darüber hinaus folgende Fragen, die in den folgenden Tips noch näher zur Sprache kommen werden:

- Wie begründen Sie es, erst jetzt bzw. jetzt schon auf den Multimedia-Zug aufzuspringen und ein Produkt zu entwickeln?
- Möchten Sie in Ihrer Branche an erster Stelle stehen, wenn es um die Entwicklung eines *digitalen Image* geht?
- Stehen Sie unter Konkurrenzdruck und haben Ihre Mitbewerber bereits das Medium erkannt und erfolgreich eingesetzt?
- Bedeutet Marketing in Ihrer Branche auch den Einsatz von neuen Medien oder ist die *Akzeptanz bei Ihrem Kunden* eher gering?
- Möchten Sie den Markt zunächst nur testen oder sehen Sie einen völlig *neue Absatzmarkt* für Ihr Unternehmen?
- Sehen Sie eine echte Chance, Ihre bisher printorientierten Produkte mit einem Mehrwert neu digital umzusetzen und auf den Markt zu bringen?
- *Erweitern Sie Ihre Zielgruppe* oder gewinnen Sie einen neuen Personenkreis hinzu?
- Versprechen Sie sich durch die *hohe Wertigkeit* eines digitalen Produkts mehr Interesse an den eigentlichen Inhalten?
- Sind Ihre Produkte mit Hilfe von Multimedia besser zu verkaufen oder zu erklären?
- Können Ihre Außendienstmitarbeiter mit Hilfe von Multimedia bessere Firmen- und Produktpräsentationen geben und *erleichtert* es Ihnen das *Verkaufsgespräch*?
- Möchten Sie Ihrer Firma einen gehörigen *Innovationsschub* verpassen und sich zukunftsorientiert zeigen?

☑ **Kurztip:**
Beantworten Sie die Fragen - Überlegen Sie sich selbst Fragen, warum Sie Multimedia einsetzen wollen.

TIP 4 *Worin liegt der Nutzen Ihres Produkts?*

Eine Vielzahl von Multimedia-Produkten, die derzeit auf dem Markt angeboten werden, können strenggenommen als „digitaler Müll" bezeichnet werden. In der Regel handelt es sich dabei um schnell entwickelte Produkte, die gegenüber einem Printprodukt keinen Zusatznutzen bringen. Was nützt z.B. ein Kochbuch auf CD-ROM, wenn der Nutzer anstatt über das Inhaltsverzeichnis im Buch jetzt über einen Mausklick auf die entsprechende Seite im Rezept kommt und dies lediglich lesen und ausdrucken kann?

Denken Sie bei Ihrer Produktplanung stets an den *Mehrwert des Produktes.* Welchen Vorteil bringt es dem Käufer? Warum soll er ein digitales anstatt eines Printproduktes kaufen oder sogar Online gehen? Versuchen Sie Ihre vorhandenen Inhalte vielschichtig zugänglich zu machen. Arbeiten Sie nicht im zweidimensionalen Raum und betrachten Sie das Medium nicht als eine sequentielle Abfolge von Inhalten. Erkennen Sie die Möglichkeit der Mehrdimensionaliät dieses Multimediums. Dazu gehören etwa Datenbankabfragen, Volltext-Recherchemöglichkeiten, multimediale Darstellungsformen und solche mit Text, Ton und Film, gerne individuelle Zugangs- und Verknüpfungsmöglichkeiten, individuelle Anpassung an die Benutzergepflogenheiten, Integration von Überraschungseffekten, geleitete Interaktionsmöglichkeiten, wechselnde neue Betrachtungsweisen und vieles mehr.

Schaffen Sie stets neue Anreize, das von Ihnen angebotene Multimedia-Produkt zu nutzen. Es muß sich um ein Vielfaches vom Ausgangsprodukt abheben. Denken Sie auch daran, daß der Nutzer Ihres Produktes erst einmal dazu bereit sein muß, seinen PC einzuschalten und Ihr Programm zu starten. Um Käufer und Interessenten für Ihre Produkt zu gewinnen, muß das Produkt innovativ und neuartig sein, oder der Mehrwert gegenüber anderen Produkten oder einer Printvorlage muß enorm hoch sein. Sie müssen Überzeugungsarbeit leisten. Digitale Produktkataloge mit schönen Bildern und Datenbankabfragen allein bieten keinen Vorteil gegenüber dem Printprodukt.

> ☑ Kurztip:
> **Schaffen Sie einen deutlich erkennbaren Mehrwert beim digitalen Produkt gegenüber dem analogen Ausgangsmaterial - Erkennen Sie die Mehrdimensionalität multimedialer Titel - Entwickeln Sie verschiedene Zugangsvarianten.**

TIP 5 *Worin unterscheidet sich Ihr Produkt vom Konkurrenzprodukt?*

 Wenn Sie nicht in der glücklichen Lage sind, eine Alleinstellung auf dem Markt zu behaupten, so sollten Sie sich dieser Frage immer wieder stellen. Auch bei der Entwicklung eines Multimedia-Produktes ist eine intensive Marktanalyse unabdingbar. Halten Sie die Augen auf und sehen Sie sich möglichst viele digitale Produkte an. Diese müssen nicht immer aus Ihrer Branche stammen. Holen Sie sich wichtige Anregungen, indem Sie verschiedene Ergebnisse begutachten und miteinander vergleichen.

Halten Sie fest, welche Merkmale auch in Ihrem Produkt vorkommen sollen, welche Umsetzung Ihnen besonders gut gefallen hat, aber auch, was Sie als nicht so gelungen und eher benutzerunfreundlich erlebt haben. Erst dann wird es Ihnen möglich sein, ein vorgelegtes Konzept auf Stimmigkeit und Wirkung hin zu beurteilen bzw. eigene Konzepte durch Erfahrungswerte zu entwickeln. Nicht die technische Realisierung steht im Vordergrund, sondern die zielgerichtete Aussage eines Produktes und dessen Wirkung beim Kunden.

Sind bereits ähnliche Produkte auf dem Markt, versuchen Sie diese genau zu analysieren, wichtige Anregungen herauszufinden, aber dennoch ein besseres Produkt zu entwickeln. Achten Sie dabei auf den Einstieg, die Benutzerführung und den Gehalt des Produktes. Oftmals sind Firmenpräsentationen und Verkaufsprodukte sehr techniklastig, grafisch überfrachtet, und es wird gerne versucht, die neuesten technischen Möglichkeiten auszureizen. Doch darf dies nie Selbstzweck sein. Denken Sie immer an Ihren Kunden und an Ihr Produktversprechen. Wie bei der grafischen Umsetzung die Prämisse *form follows function* gilt, so gilt analog für den Inhalt: *technique follows contents*.

> ☑ **Kurztip:**
> Sammeln Sie Erfahrungswerte mit anderen Multimedia-Titeln - Suchen Sie nach Anregungen und Verbesserungsvorschlägen - Gestalten Sie Ihr Produkt nicht zu techniklastig - Denken Sie immer an Ihre Zielgruppe und an die Vermittlung der Inhalte.

TIP 6 *Haben Sie die richtige Zielgruppe?*

Einen neuen Multimedia-Titel zielgruppenorientiert auf den Markt zu bringen, ist ein schwieriges Unterfangen. Sie sollten sich dazu im Vorfeld einige Fragen stellen: Wie groß sind die Absatzchancen? Wer gehört zur potentiellen Käuferschicht? Werden die Inhalte und das Thema auf diesem Medium angenommen? Hat das Produkt Aktualitätsgehalt? Intensive Marktanalysen können dabei Klarheit schaffen. Kommen doch täglich ca. vier neue CD-ROM-Titel auf den deutschsprachigen Markt, und das sind immerhin über 1500 Titel im Jahr. Deshalb sollten Sie die *Marktchancen Ihres Multimedia-Produktes besonders gut analysieren.*

Einfacher ist es bei der Erstellung einer Firmen- und Produktpräsentation im Internet, auf Diskette oder auf CD-ROM. Sie sprechen damit in erster Linie Ihre bisherigen Kunden an. Dazu gehören die Interessenten, die auf Ihrer Mailing-Liste stehen und bereits mit Informationen aus Ihrem Hause beliefert werden. Doch gilt es, mit dem neuen Medium auch intensiv Neukunden zu werben und an andere Zielgruppen heranzukommen. Versuchen Sie eine *digital-interaktive Beziehung zu neuen Interessenten* aufzubauen. Veranlassen Sie diese Interessenten, über Ihr digitales Produkt mit Ihnen in Kontakt zu treten. Schaffen Sie dafür verschiedene Produktanreize und Responsemöglichkeiten.

Bedienen Sie nicht nur Altinteressenten und Kunden, sondern machen Sie Ihr digitales Image publik. Verbreiten Sie Ihre Internet-Adresse. Bieten Sie die Möglichkeit, Ihre digitale Firmenbroschüre zu bestellen. Fordern Sie dazu auf, Ihre Firmenpräsentation zu kopieren und an Interessenten weiterzugeben. Betrachten Sie die Firmenpräsentation wie einen digitalen Newsletter, den jeder bekommt, wenn er Ihnen seine Adresse überläßt.

> ☑ **Kurztip:**
> **Intensive Marktanalysen zeigen Ihnen Absatzchancen und helfen bei der Zielgruppenfindung - Bedienen Sie Ihre Kunden und Interessenten mit digitalen Firmen- und Produktpräsentationen - Sorgen Sie durch Produktanreize und Responsemöglichkeiten für einen größeren Interessentenkreis.**

TIP 7 Haben Sie das richtige Medium gewählt?

Es ist wichtig, daß Sie das richtige Trägermedium für Ihr digitales Anliegen finden. Zwar geht der Trend immer mehr in Richtung CD-ROM und DVD. Doch werden die Online-Möglichkeiten bei entsprechender Infrastruktur in absehbarer Zeit viele Offline-Angebote ablösen. Sie sollten diese Marktentwicklung im Auge behalten, doch können Sie bei einem Großteil der Anwender nicht von optimalen Hard- und Softwarevoraussetzungen ausgehen.

Zunächst zur Firmen- und Produktpräsentation: Lassen Sie Ihren Interessenten selbst bestimmen, welches Medium sich für ihn eignet. Nach den klassischen Direktmarketing-Gesetzen lassen Sie den Interessenten das Produkt anfordern. Bieten Sie Bestellmöglichkeiten über Internet, Coupons und Telefon an. Stellen Sie Ihrer digitalen Firmenpräsentation ein Mailing mit Anforderungsmöglichkeiten vorweg. Ein Großteil Ihrer Kunden wird bereits die farbige Firmenbroschüre kennen. Bei den folgenden Bestellungen der digitalen Ausgabe ist ein hoher Prozentsatz jener beteiligt, die sozusagen jedes digitale Produkt horten, wenn es umsonst ist: die digitalen „Sammler und Jäger". Selektieren Sie daher Ihre Adressaten.

Bei den vermarktbaren Multimedia-Anwendungen ist die Diskette als Trägermedium uninteressant. Allein schon aus Kapazitätsgründen bieten sich hier nur die CD-ROM und das Medium Online an. Entscheiden Sie sich zunächst für die herkömmliche CD-ROM und entwickeln Sie nicht sofort für den allerneuesten Standard. Mit anderen Worten: Geben Sie Kunden mit einem 486er PC, einem Double-Speed CD-ROM-Laufwerk und einer Farbdarstellung von 256 Farben auch noch eine Chance, Ihr Produkt zu kaufen und zu nutzen. Trends und Marktverbreitung sind zwei sehr divergente Elemente. Setzen Sie daher auf eine hohe Absatzmöglichkeit.

> ☑ **Kurztip:**
> Beobachten Sie den Markt, doch setzen Sie auf einen hohen Verbreitungsgrad - Meiden Sie neue Technologien, wenn es um hohe Absatzchancen geht - Geben Sie dem Interessenten selbst die Chance, sein Medium zu wählen - Setzen Sie nicht die neuesten Standards ein.

TIP 8 *Was heißt Hybrid CD-ROM?*

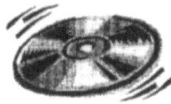

Die verbreitetsten Benutzeroberflächen der Computerwelt sind die von Microsoft: Windows™ in seinen Versionen 3.x und Windows 95™, basierend auf dem Betriebssystem MS-DOS™. Daneben existiert noch das Betriebssystem OS/2™ aus dem Hause IBM und das Betriebssystem mit der grafische Benutzeroberfläche für den Macintosh von Apple. Wurden in den vergangenen Jahren vorwiegend Multimedia-Produkte für den Macintosh entwickelt, sind es derzeit immer mehr Windows-Anwendungen, die auf den Markt kommen. Einer Statistik zufolge waren 19% der Multimedia-Entwickler auf der Plattform des Macintosh und Power-PCs zu finden, hingegen insgesamt 33% bei den Plattformen Windows 95 und Windows 3.x.[11]

Insgesamt ist ein klarer Trend zur Benutzeroberfläche Windows festzustellen, die überwiegend in Privathaushalten und der Wirtschaft anzutreffen ist. Der Macintosh hingegen ist im grafischen Bereich bei Agenturen vorzufinden. Der Macintosh gilt allgemein als Computer der Kreativen, doch wenn man den Pressemeldungen und Marktanteilen Glauben schenken darf, werden die diesbezüglichen Vorteile allmählich von den Nachfolgern des Microsoft-Imperiums eingeholt.

Ist es online ohne weiteres möglich, Inhalte plattformunabhängig bereitzustellen, wird für das Offline-Medium CD-ROM lediglich die sogenannte *Hybridlösung für Macintosh- und Windows-Anwender* angeboten. Hybridlösungen sind sowohl durch Macintosh- als auch durch Windows-Anwender nutzbare Produkte. Das auf einem Macintosh entwickelte Produkt etwa ist durch einen speziellen Windows-Player fähig, auch unter Windows zu funktionieren. Natürlich müssen dabei die gemeinsam genutzten Dateienformate verwendet werden. Das für Hybridlösungen auf dem Markt befindliche Entwicklungstool ist das Programm Director™ aus dem Hause Macromedia. Mit diesem Werkzeug werden derzeit alle Hybridlösungen entwickelt. Das Entwicklungssystem Director arbeitet mit dem Aufbau verschiedener Seiten und orientiert sich an einer Art Zeit- und Ereignisleiste. Für die spezielle Programmierung einzelner Module und verschiedene Objektanweisungen, die

---

[11] Workstations und PC gewinnen, Mac und CD-Konsolen verlieren, vgl. multiMEDIA 3/96, S. 1

das Entwicklungssystem nicht über einen Dialog zur Verfügung stellt, wird mit der dazugehörenden Programmiersprache LINGO programmiert. Aufgrund der großen Nachfrage nach hybriden Titeln haben sich viele Multimedia-Unternehmen auf dieses Entwicklungswerkzeug spezialisiert.

Für Sie stellt sich letztendlich die Frage, ob unter den Nutzern Ihrer Zielgruppe neben der Windows-Gemeinde auch Macintosh-User vorhanden sind. Die Kosten von Hybridlösungen haben sich in den letzen Monaten an die Entwicklungskosten von reinen Windows-Anwendungen angeglichen. Dennoch sollten Sie bei Datenbankanwendungen, bei denen Geschwindigkeit und Zugriffszeiten eine Rolle spielen, und bei aufwendigen CBT-Anwendungen auf Hybridlösungen verzichten, da reine Programmierung dieser Titel sehr aufwendig sind.

Grundsätzlich werden Hybridlösungen vorwiegend im Unterhaltungsbereich eingesetzt. Multimediale Präsentationen mit eindrucksvollen Animationen eignen sich sehr gut dafür. Doch auch einfache Datenbankanwendungen lassen sich in hybrider Umgebung entwickeln.

> ☑ **Kurztip:**
> **Hybridlösungen sind gemeinsam nutzbare Programme für Macintosh und Windows-Rechner - Stellen Sie fest, ob zu Ihrer Zielgruppe Macintosh-Anwender gehören - Einfache Präsentationsprogramme und Unterhaltungstitel sollten Sie hybrid entwickeln - Aufwendige Datenbankanwendungen und CBT-Programme werden vorwiegend unter Windows realisiert.**

TIP 9 Worauf Sie bei hybriden CD-ROMs achten müssen

Wie bereits erklärt laufen hybride Multimedia-Anwendungen sowohl unter dem Apple-Macintosh- als auch unter einem Windows-Rechner. Verantwortlich dafür ist der jeweilige Player, der die Programmdatei abspielen kann.

Dennoch müssen Sie oder der Entwickler bei der Erstellung der Medien verschiedene Dinge beachten. Für die verwendeten Grafiken sowie Ton- und Videodateien werden Formate verwendet, die auf beiden Rechnern angesprochen werden können. Die Medien können sowohl auf dem Macintosh als auch auf einem Windows-PC erstellt werden. Wichtig ist lediglich, daß jene gemeinsam genützten Dateiformate erzeugt werden, die das Programm später anspricht.

Die Dateiformate sind im einzelnen:
- **Grafik:** alle gängigen Grafikformate; vorwiegend TIF
- **Video:** Quicktime-Format
- **Ton:** AIFF
- **Animation:** Quicktime-Format

Ist der Macintosh in der Lage, das entsprechende Programmsymbol für den Programmstart sofort nach dem Einlegen der CD-ROM auf dem Monitor darzustellen, muß für die Windows-Anwendung ein eigenes Setup-Programm geschrieben werden. Dies installiert lediglich die benötigten Treiber für Animation und Video auf Ihrem Rechner, legt eine eigene Programmgruppe an und zeigt das entsprechende Symbol für den Start der Anwendung. Die Anwendungen sind in der Regel direkt von der CD-ROM lauffähig und belegen keinen zusätzlichen Speicherplatz auf der Festplatte.

> ☑ **Kurztip:**
> Hybridlösungen benutzen ein gemeinsames ein Dateiformat für Bild, Ton, Video und Animation - Denken Sie unter Windows an ein Setup-Programm.

TIP 10 *Möchten Sie mit Ihrem Multimedia-Produkt auch ins Internet?*

 Handelt es sich bei Ihrem CD-ROM-Produkt um eine eher textorientierte Datenbankanwendung, können diese Daten so aufzubereitet werden, daß sie jederzeit auch über das Internet abrufbar sind. Ob dieser Service kostenlos oder durch entsprechende Abfragegebühren abgerechnet wird, bleibt alleine Ihnen überlassen. Technisch ist diese Variante ohne größeren Zusatzaufwand realisierbar. Lediglich die Anwendung im Internet müßte programmiert, und die Zahlungsmodaliäten müßten entwickelt werden. Einige medizinische und juristische Datenbankanbieter nutzen diesen Markt schon lange.

Als zweite Variante haben Sie die Möglichkeit, über Links aus Ihrer Multimedia-Anwendung direkt ins Internet zu gelangen und dem Nutzer Ihres Produktes dort zusätzliche Angebote zu machen. Allerdings setzt das voraus, daß Ihr Käufer einen Internet-Anschluß besitzt. Machen Sie den Kauf des Produktes nicht davon abhängig, sondern bieten Sie diesen Service nur zusätzlich an.

Einen aufwendigen Multimedia-Titel auch über das Internet anzubieten halte ich derzeit nicht für sinnvoll, da die Übertragungszeiten für die angeforderten Medien noch zu lang sind. Allerdings bietet sich die Möglichkeit an, daß lediglich das Anwenderprogramm über das Netz zur Verfügung gestellt wird und alle benötigten, speicherintensiven Medien von der lokalen CD-ROM direkt geladen werden.

> ☑ **Kurztip:**
> Bieten Sie aufwendige Multimedia-Anwendungen nicht über das Internet an – Denken Sie an die Übertragungszeiten – Setzen Sie Verknüpfungen von CD-ROM zum Internet sparsam und nicht zwingend ein – Reine Datenbankabfragen ohne Multimedia von CD-ROM lassen sich schnell auch im Internet realisieren.

TIP 11 *Setzen Sie von Anfang an einen PC-Standard fest*

Zu Beginn eines Projektes ist die Festlegung eines PC-Standards wichtig. Hierbei soll stets ein Mittelweg zwischen derzeit technischer Machbarkeit und tatsächlicher Hard- und Softwarevoraussetzung beim Anwender gefunden werden. Ich nenne Ihnen die Standards, die derzeit bei fast 90% aller Multimedia-Produkte vorausgesetzt werden können und die daher für derzeitige Produktvorhaben zu empfehlen sind:
- Ihr Programm sollte sowohl unter Windows 3.x als auch unter Windows 95 lauffähig sein.
- Entwickeln Sie für einen Prozessor ab der 386er-Generation mit 8 Megabyte Hauptspeicher für Windows 3.x. Für reine Windows 95-Anwendungen setze ich einen 486er mit Minimalhauptspeicher von 8 Megabyte voraus.
- Gehen Sie mit dem benötigten Festplattenspeicher sparsam um.
- Entwickeln Sie für eine Farbtiefe von 8 Bit, d.h. Sie haben eine Farbdarstellung von 256 Farben[12]; damit ist eine gute Bildschirmdarstellung möglich.
- Töne können getrost mit 16Bit 22,05 kHz und auch nur mono digitalisiert werden, da die 8-Bit-Soundkarten am Aussterben sind.
- Komprimieren Sie Videos für herkömmliche Double-Speed-Laufwerke. Diese haben immer noch den größten Marktanteil. D.h. es genügt eine mittlere Datendurchsatzrate von 150-250 Kilobyte mit 15-25 Bildern pro Sekunde für das Abspielen der Filmchen. Videokompressions- und -dekompressionsformat bleiben den Enwicklern überlassen, allerdings müssen die nötigen Treiber für das Abspielen der Videos mitgeliefert werden. Die gängigen Formate sind derzeit Video für Windows und das Quicktime-Format.

---

[12] Sie glauben gar nicht, wie viele PCs heute, obwohl gute Grafikkarten im Rechner stecken, lediglich mit 16 Farben eingesetzt werden.

TIP 12 *Wie soll Ihr Produkt vertrieben werden?*

Es ist zwar innovativ, ein eigenes Produkt entwickelt zu haben, doch sollten Sie sich bereits vor der Entwicklung Gedanken über die Vertriebskanäle Ihres Produktes machen. Ich denke dabei nicht an die einfache Firmen- und Produktpräsentation. Wichtig ist dies vor allem bei neuen digitalen Produkten, die Sie verkaufen möchten, die aber bisher nicht in Ihrer Vertriebsschiene vorzufinden waren.

Nehmen Sie sich viel Zeit dafür, die richtigen Vertriebspartner zu finden. Oftmals werden riskante Exklusivverträge mit den Vertriebspartner geschlossen. Wenn man bedenkt, daß ein CD-ROM-Titel durchschnittlich eine *Lebensdauer* von 9-18 Monaten besitzt, ist es äußerst wichtig, mit einem Partner zusammenzuarbeiten, der sich mit entsprechender Marketing-Kompetenz für Ihr Produkt einsetzt. Gehen Sie kein Risiko ein. Der festzulegende prozentuale Erlös aus den Verkäufen ist reine Verhandlungssache und kann zwischen 15 und 50 Prozent vom Nettoverkaufspreis variieren.

Generell stehen Ihnen sieben Varianten von Vertriebsmöglichkeiten zur Verfügung:
- Eigenvertrieb
- Verlag, der sich auf einen Fachbereich spezialisiert hat, zudem elektronische Medien vertreibt und Ihr Produkt in sein Sortiment aufnehmen möchte
- Spezialverlag mit ausschließlich Neuen Medien
- Direktversender nur für Neue Medien oder mit einem eigenen Versandbereich für Neue Medien.
- Software-Distributoren mit Ihrer Zielgruppe
- Große Lebensmittelketten mit Non-food-Abteilungen für Neue Medien
- Große Computerketten – Märkte für Unterhaltung und Elektronik

☑ **Kurztip:**
Suchen Sie intensiv nach dem geeigneten Vertriebspartner – Versuchen Sie, wenn möglich, keine Exklusivverträge abzuschließen – Denken Sie an die kurze Aktualitätszeit einer CD-ROM.

TIP 13 *Intensive Pressearbeit*

Zu einem neuen Produkt gehört eine intensive Pressearbeit. Was nützt das beste Produkt, wenn es draußen auf dem Markt nicht bekannt ist und kein Anwender jemals darüber etwas gelesen hat. Verlassen Sie sich nicht auf Ihren Vertriebspartner und bringen Sie dieses Eigenengagement in die Verhandlungen ein, wenn es um den prozentualen Anteil der verkauften Produkte geht. Schalten Sie Ihre PR-Agentur ein und versuchen Sie, die Fachzeitschriften möglichst breit über Ihre Produktneuerungen zu informieren. Handelt es sich bei Ihrer Multimedia um eine für Ihr Unternehmen wichtige Produktion aus Ihrem Unternehmen, scheuen Sie sich nicht davor, eine eigene Pressekonferenz zu organisieren.

Pressetexte müssen aktuell, kurz und aussagekräftig formuliert werden. Überfrachten Sie niemals einen Pressetext, wenn er nicht gleich im Papierkorb landen soll. Beschreiben Sie kurz die wichtigsten Funktionen, Aussagen, Zielsetzungen und Vorteile Ihres Produktes. Liefern Sie möglichst ein Foto oder ein Dia einer aussagekräftigen Bildschirmseite Ihres Produktes oder eine Aufnahme der Verpackung mit. Nennen Sie erste Erfahrungsberichte mit Ihrem Produkt. Schaffen Sie einen Leseanreiz und gestalten Sie Ihre Pressemitteilung übersichtlich. Geben Sie dem Redakteur die Möglichkeit, ein Rezensionsexemplar für einen Praxistest oder einen Testbericht direkt über ein Faxformular anzufordern. Stehen Sie den Redakteuren für Fragen zur Verfügung. Laden Sie die Presse zu eventuellen Workshops ein.

Bedienen Sie über Ihren Presseverteiler möglichst unterschiedliche Adressaten. Neben der branchenspezifischen Presse sind bei neuen Multimedia-Produkten einige Computer-Zeitschriften, Wirtschaftsmagazine und Marketing-Zeitschriften sehr an neuen Multimedia-Produkten und -Einsatzberichten interessiert. Vergessen Sie nicht, Ihren Kunden in einem persönlichen Brief oder Newsletter über die Presseresonanz Ihrer Produkte zu informieren.

> ☑ **Kurztip:**
> Pressearbeit ist sehr wichtig – Je besser die Pressearbeit, desto größer der Produktbekanntheitsgrad – Streuen Sie Ihren Presseverteiler – Halten Sie Ihre Pressemitteilungen möglichst kurz und geben Sie die Möglichkeit zur Bestellung eines Rezensionsexemplares.

TIP 14 *Die richtige Verpackung sorgt für richtige Aufmerksamkeit*

Die Verpackung Ihrer Diskette oder CD-ROM sollte originell und auffällig sein. Das bedeutet nicht, daß Sie um jeden Preis eine eigene, individuelle Verpackung entwickeln lassen müssen. Für diese Medien sind bereits eine Menge an Standardverpackungen von verschiedenen Herstellern auf dem Markt. Sie finden die Hersteller in den einschlägigen Computer-Zeitschriften und Multimedia-Magazinen. Hier können Sie sich das Geld für die Herstellung eigener Stanzwerkzeuge sparen. Verwenden Sie eine stabile Verpackung und legen Sie besonderen Wert auf eine ansprechende Verpackungsgestaltung. Für die CD-ROM werden Schuber in verschiedenen Größen angeboten, über die lediglich eine Art Ummantelung mit dem individuellen Produktaufdruck über den Karton angebracht wird. Achten Sie dabei auf einfaches Öffnen und Schließen der Verpackung, ohne daß diese gleich beschädigt wird. Vermeiden Sie umweltunverträgliche Verpackungselemente wie Plastik.

Der erste Eindruck eines Produktes ist verantwortlich für den Wiedererkennungswert. Gestalten Sie die Vorderseite mit einem Titelbild, das sich sehr gut einprägt. Das Auge soll sowohl Bild als auch Titel des Produktes schnell erfassen. Benutzen Sie lediglich die Rückseite für Inhaltsbeschreibungen und technische Angaben. Vergessen Sie dabei nicht, Ihr Firmenzeichen auf dem Produkt so zu plazieren, daß ein eindeutiger Bezug zu Ihrem Unternehmen hergestellt wird. Geben Sie einen ersten Eindruck vom Produkt, indem Sie einige (maximal drei) Benutzeroberflächen auf der Rückseite anbringen. Die Seitenflächen fungieren quasi als Buchrücken, wenn Ihr Produkt im Regal präsentiert wird, so daß auch Sie wichtigen Gestaltungsraum darstellen.

Ein bis zwei Disketten lassen sich sehr bequem im DINlang-Format verpakken und über den Postweg versenden. Verwenden Sie dazu einen nicht zu starken Karton mit ca. 250 Gramm in den Maßen 21 auf 21 Zentimeter. Der Karton wird in der Mitte gefalzt und für die Disketten jeweils zwei diagonale Schlitze eingestanzt. In die Schlitze werden die Disketten eingebracht. Im Fenster-Briefkuvert findet zusätzlich ein persönliches Anschreiben Platz.

Bedrucken Sie den Diskettenkarton außen und innen. Auch hierbei gilt: Drucken Sie auf der Vorderseite einen Produkttitel oder den Slogan Ihrer Firma bzw. Firmenpräsentation. Die Rückseite kann die Installationsanweisung und technische Daten beinhalten, die nicht zu auffällig angebracht werden sollten. Besser ist die Installationsanweisung auf dem Disketten-Etikett.

Verwenden Sie die Rückseite für Ihre Anschrift und Ihrer Telefonnummer. Heben Sie Ihre Internet-Adresse, für den Kunden schnell auffindbar, hervor. Gestalten Sie die Innenseite mit den wichtigsten Aussagen Ihres Unternehmens. Führen Sie den Kunden gezielt zu Ihrem Disketten-Produkt und machen Sie ihm den digitalen Inhalt schmackhaft. Integrieren Sie, wenn möglich, auf den Diskettenumschlag eine Antwortkarte. Diese Responsemöglichkeit können Sie auch in Ihr digitales Produkt einarbeiten.

Gestalten Sie Ihren Disketten-Folder so, daß Sie ihn auch bei Kundenbesuchen und auf Messen an Interessenten verteilen können.

> ☑ Kurztip:
> Gestalten sie den Verpackungsbedruck einprägsam – Verzichten Sie auf aufwendige Verpackungsentwicklungen für ein CD-ROM und benutzen Sie eine Standardverpackung – Denken Sie an die Umwelt – Zeigen Sie markante Bildschirmoberflächen auf der Rückseiten – Plazieren Sie Ihr Logo mit einem eindeutigen Produktbezug – Firmenpräsentationen auf Diskette versenden Sie in einem Folder – Gestalten Sie Ihre Diskettenverpackung für verschiedene Einsätze.

TIP 15 *Der richtige Titel zum Produkt*

Neben dem Inhalt, der Verpackung und dem richtigen Vertriebskanal ist der Titel eines Produktes eines der wichtigsten Elemente. Aussagefähige Titel prägen sich schneller und besser ein als ausführliche Produktinhaltsangaben. Auch hier ist wie bei der Verpackung der erste Eindruck wichtig. Mit dem Titel steht und fällt das Produkt.

Gestalten Sie Ihren Titel so, daß er
- interessant
- aktuell
- aussagekräftig
- kurz
- mit großen, kontrastfarbenen Buchstaben
- nicht zu kompliziert

- nicht technisch
- schlagwortartig
- prägnant
- mit maximal drei Wörtern
- eindeutig
- mit kurzem Untertitel

direkt beim Adressaten haften bleibt; er muß eine Vorstellung mit dem Titel verbinden können.

Je komplizierter und länger ein Produktname, desto eher die Gefahr, daß er sich nicht einprägt. Der Titel sollte sofort Aufschluß über den Inhalt des Produktes geben. Der eventuell angefügte Untertitel ergänzt den Produkttitel bzw. erklärt ihn näher. Versuchen Sie mit dem Titel den Wortschatz und den Fachjargon Ihrer Zielgruppe zu finden.

Benutzen Sie nicht zu technische Begriffe im Titel, es sei denn, das Produkt befaßt sich ausschließlich mit technischen Inhalten. Die Zielgruppe muß in der Lage sein, das Produkt direkt über den Titel zu identifizieren. Vermeiden Sie aber Verallgemeinerungen. Verwenden Sie keinen Titel, von dem bereits zwanzig weitere Varianten auf dem Markt existieren. Bleiben Sie mit Ihrer Namensgebung individuell und einfallsreich zugleich.

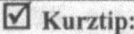 Kurztip:
Verwenden Sie kurze und prägnante Titel – Der Titel soll sich sofort beim Adressaten einprägen – Untertitel klären Titel und Inhalt.

TIP 16 *Der Kundenkontakt – Nutzen Sie Responsemöglichkeiten*

Wichtig ist die Zufriedenheit des Kunden und die damit verbundene positive *Kundenbindung*. Sie erreichen diese in erster Linie dann, wenn Sie Kundenkontakte aktiv pflegen. Bei einem digitalen Produkt, das nicht über den Direktversand vertrieben wird, sind Ihnen die Käufer in der Regel nicht bekannt. Es sei denn, Sie vertreiben das Produkt selbst oder Sie bekommen die Adressen Ihres Vertriebspartners zur Verfügung gestellt. Daher ist es wichtig, Responsemöglichkeiten in das Produkt zu integrieren, über die Sie mit Ihrem Kunden bzw. Ihr Kunde mit Ihnen in Kontakt kommen kann. Bei herkömmlicher Anwendersoftware hat sich die *Registrierung* des Produktes als nützlich erwiesen. Neben der Adresse werden zusätzlich *Nutzerprofile* abgefragt, z.B. Betriebssystem, Hardware, Firmengröße, weitere genutzte Produkte etc. Die Registrierung erfolgt über ein beigefügtes Formular oder kann auch Online durchgeführt werden. Oftmals haben nur registrierte Nutzer den Anspruch auf eine kostenlose Hotline, Infoservices und Updates.

Schaffen Sie bei allen Responsevarianten einen *zusätzlichen Anreiz*, um somit verschiedene Angaben des Nutzers zu erfragen. Bieten Sie kostenlose Demo-Produkte, Infos zu anderen und neuen Produkten oder einen kostenlosen Newsletter an, oder veranstalten Sie ein Preisausschreiben. Voraussetzung für all dies ist ein vollständig ausgefüllter Fragebogen. Neben einem beigefügten Formular, das der Kunde *unfrei* an Sie zurücksendet, können Sie Responsemöglichkeiten aber auch direkt in Ihr Produkt integrieren. Die diesbezüglichen Formulare lassen sich am Bildschirm ausfüllen, ausdrucken oder online versenden. Versuchen Sie im Produkt dem Ganzen, wenn möglich, einen spielerischen Charakter zu geben. Das Ausfüllen von Bildschirmformularen schreckt Kunden ab. Animationen und Soundelemente lockern das Ganze auf. Fragen Sie den Kunden nach der Meinung zum Produkt. Anregungen und Verbesserungsvorschläge sind stets willkommen.

☑ **Kurztip:**
Integrieren Sie Responsemöglichkeiten in Ihr Produkt – Schaffen Sie zusätzliche Anreize – Treten Sie mit Ihrem Kunden in Kontakt.

TIP 17 *Fesseln Sie Ihren Kunden an das Produkt*

„Abschalten können Sie woanders." Frei nach diesem Motto müssen Sie Ihren Programmnutzer an das Produkt fesseln. Wie bei einem Film oder einem gut inszenierten Mailing gilt es die entsprechende Spannung mit allen Registern der Wahrnehmungspsychologie zu schaffen. Lassen Sie Ihren Kunden sich wohlfühlen und nehmen Sie ihn bei der Hand. Führen Sie Ihren Kunden von der Produktbeschreibung über die Installationsanweisung hin zur Installation. Verwenden Sie einfache Anweisungen und machen Sie ihn neugierig.

Überraschen Sie ihn mit einer ansprechenden Installation (⇒siehe Tip 78). Begrüßen Sie ihn beim ersten Besuch im Programm und geben Sie ihm erste Hilfen und Anweisungen, wie er sich schnell im Produkt zurechtfinden kann. Schaffen Sie eine benutzerfreundliche Bedieneroberfläche ohne langes Suchen. Verwirren Sie ihn nicht, sondern geben Sie eindeutige Programmabläufe und -wege vor. Geben Sie ihm in Form einer Inhaltsangabe oder Produktübersicht einen kurzen Vorgeschmack auf das, was ihn im Programm erwartet. Zeigen Sie dabei verschiedene Zugangsmöglichkeiten auf.

Gestalten Sie Ihre Firmenpräsentation abwechslungsreich und vermeiden Sie gleichzeitig, alle multimedialen Register zu ziehen. Weniger ist oft mehr! Überfrachten Sie Ihre Anwendungen nicht mit allen technischen Raffinessen und unüberschaubaren Bildschirm-Layouts. Benutzen Sie niemals mehr als drei verschiedene Schrifttypen auf einer Seite. Setzen Sie Töne und Musik nur an passenden Stellen ein. Vermeiden Sie Wiederholungen wie z.B. das Einspielen eines Musikstücks beim Umblättern einer Seite. Falls Sie Untermalungsmusik einsetzen, sollte diese vom Nutzer individuell ein- und ausgeschaltet werden können. Überraschen Sie Ihren Anwender mit unerwarteten Einspielungen von Tönen und Animationen. Geben Sie ihm stets die Möglichkeit, auf seinen Ausgangspunkt zurückzukehren.

☑ **Kurztip:**
Nehmen Sie Ihren Kunden im Programm bei der Hand – Überfrachten Sie Ihr Produkt nicht multimedial – Geben Sie eindeutige Hilfestellungen und Programmanweisungen – Sorgen Sie für Überraschungen.

TIP 18 *Wer übernimmt die Projektleitung in Ihrem Unternehmen?*

Wichtig für das gesamte Projekt ist der Projektleiter. Er ist verantwortlich für die Projektrealisierung, ist Ansprechpartner im Unternehmen und zugleich auch Ansprechpartner für den externen Dienstleister. Die damit beauftragte Person ist letztlich verantwortlich für alle wichtigen Entscheidungen im Projekt. Sie kontrolliert den Ablauf, ist Anlaufstelle für Fragen, die Planung und Durchführung des Projekts betreffen.

Projektleiter agieren als Vermittler zwischen Idee und Realisation, d.h. zwischen Auftraggeber und Dienstleister (extern) oder/und Projektabteilung (intern). Der Projektleiter ist von Anfang an in das Projekt eingebunden. Er benötigt zwar keine Erfahrungen, bei der Programmierung von Anwendungen, sollte aber im Umgang mit dem PC vertraut sein. Der Projektleiter in Ihrem Unternehmen übernimmt die Leitung der Entwicklung und Festlegung der Inhalte, koordiniert die Abläufe der Beschaffung und Erstellung der Medien und ist verantwortlich für die reibungslose Materiallieferung zur Entwicklungsabteilung. Wird das Konzept nicht im eigenen Haus entwickelt, ist er derjenige, der zusammen mit dem Dienstleister den Ablauf des Programmes erarbeitet.

Benennen Sie nur eine Person als Projektleiter. Lassen Sie ihn die Projektentscheidungen treffen: Er beaufsichtigt Termine und ist verantwortlich für die termingerechten Abgaben. Er kontrolliert die Umsetzung der inhaltlichen Belange und alle vertraglichen Abmachungen. Er beobachtet den aktuellen Stand während der gesamten Projektrealisation. Parallel zum Dienstleister sollte er bei den verschiedenen Programmtests mitwirken. Der Projektleiter ist zudem Ansprechpartner für Ihre PR-Agentur oder die Abteilung für Öffentlichkeitsarbeit, wenn es um den Vertrieb des Produktes oder die Aussendung Ihrer Firmenpräsentation geht oder Auskunft über Inhalt und Umsetzung gegeben werden soll.

> ☑ **Kurztip:**
> Setzen Sie nur einen Mitarbeiter als Projektleiter ein – Er ist Kontaktperson zwischen Unternehmen und Dienstleister, kontrolliert den Projektverlauf und ist Ansprechpartner im Unternehmen.

TIP 19 *Ist die Zusammenarbeit mit einer/Ihrer Agentur wichtig?*

Immer mehr PR-Agenturen haben mittlerweile die digitale Welt entdeckt. Galten Computer dort bislang nur als Arbeitsgeräte für die Vorbereitung zum Printprodukt, schwenken die Agenturen jetzt dazu über, auch digitale, interaktive Produkte für Marketing-Zwecke anzubieten. Die Palette reicht vom einfachen Produktkatalog über die Firmenpräsentation auf CD-ROM bis hin zur Internet-Präsenz.

Arbeiten Sie mit einer solchen Agentur bereits erfolgreich zusammen, so beauftragen Sie diese am besten mit der Realisierung Ihres digitalen Firmenimage. Sollte es aber um umfangreichere Projekte wie Lernprogramme oder komplexe Datenbankanwendungen gehen, sind Sie bei einem Multimedia-Dienstleister weitaus besser aufgehoben, es sei denn, ihre Agentur verfügt über eine spezielle Entwicklungsabteilung. Auch bei den Multimedia-Dienstleistern gibt es verschiedene Ausrichtungen. Einige haben sich auf CBT-Programme (Computer Based Training) spezialisiert, andere sind Spezialisten im Bereich Datenbankanwendung, und einige wenige haben sich dem Feld des digitalen Marketing verschrieben.

Rein printorientierte PR-Agenturen sollten nach meiner Erfahrung nur so wenig wie nötig an der Realisation eines digitalen Produktes mitarbeiten. Das hat verschiedene Gründe:

- Die Vorstellungen zwischen Agentur und Multimedia-Dienstleister divergieren mit Blick auf Screenlayout und Benutzerfreundlichkeit oft sehr stark. Kein Wunder, denn die Agentur kommt aus dem Printbereich, wo völlig andere visuelle Informationsgesetze gelten. Printagenturen haben ein völlig anderes Verständnis zum Bildschirmaufbau. Multimedia-Dienstleister kennen lediglich die Welt der digitalen Anwendung und arbeiten mit anderen Vorgehensweisen und Standards. Kompetenzrangeleien sind die Folge, was stets eine Verzögerung des Projektverlaufs mit sich bringt. Kommt es dabei zu Terminverschiebungen, versucht einer dem anderen die Schuld in die Schuhe zu schieben. Deshalb ein wichtiger Rat: Überzeugen Sie sich im Vorfeld davon, ob Ihre Agentur auch wirklich Bildschirm-Layouts entwickeln kann und diese so aufbereitet sind, daß der Dienstleister sie programmtechnisch direkt einbinden kann. Fahren

Sie einen Testlauf und lassen Sie sich die Ergebnisse von einem Multimedia-Dienstleister bestätigen.
- Rein printorientierte Agenturen haben keinerlei fachliches Wissen zur Medienaufbereitung eines digitalen Produktes. Ihre Produkte werden letztendlich für den Druck erstellt und müssen völlig andere Kriterien hinsichtlich Qualität und Darstellung erfüllen. Testen Sie im Vorfeld, ob Ihre Agentur die festgelegten Standards der geforderten Medien wirklich so liefern kann, daß der Dienstleister sie direkt ohne größerer Bearbeitung verwenden kann. Mehraufwand bedeutet stets Mehrkosten, die Ihnen der Multimedia-Dienstleister in Rechnung stellen muß.

Bedenken Sie, daß Sie dabei zwei oder sogar drei Projektteams koordinieren müssen. Testen Sie aber auch den Multimedia-Dienstleister, ob er wirklich die von Ihnen geforderten Ansprüche visuell umsetzen kann.

☑ **Kurztip:**
Arbeiten Sie mit einem Multimedia-Dienstleister, dann schalten Sie Ihre PR-Agentur nur ein, wenn unbedingt nötig, z.B. für Printvorlagen – Bietet Ihre PR-Agentur ebenfalls einen digitalen Service an, lassen Sie sich verschiedene Referenzprodukte vorführen; dies gilt natürlich auch für den potentiellen Multimedia-Dienstleister.

TIP 20 *Welche Aufgaben könnte Ihre PR-Agentur zusätzlich übernehmen?*

Gehen wir davon aus, daß Sie einen Multimedia-Dienstleister für Ihre Produktrealisierung gefunden haben, Sie aber zudem eine PR-Agentur an der Entwicklung eines digitalen Produktes mitarbeiten lassen möchten.

Stellen Sie zunächst sicher, daß sich beide Firmen oder Abteilungen im Vorfeld zu einem Erfahrungsaustausch zusammensetzen können. Klären Sie in diesem Gespräch möglichst viele Standards für die Arbeitsweisen und Produktionsschritte ab. Sie sollten außerdem klare Kompetenzen sowie die Kommunikations- und Freigabewege festlegen.

Folgende Teilbereiche eines Multimedia-Projektes können z.B. von der Agentur parallel zur eigentlichen Softwareentwicklung durchgeführt werden:
- Verpackungsgestaltung mit Texten
- Layout für den CD-ROM Aufdruck
- Erstellung der Verkaufsunterlagen
- Entwicklung von Produktanzeigen
- Ausarbeitung einer Marketingkampagne
- Gestaltung des Handbuches
- Texten von Sprechertexten
- Texten von Produktinformationen
- Gestaltungsvorschläge für die Benutzeroberflächen
- Gestaltungsvorschläge für einzelne Grafiken
- Gestaltungsvorschläge und Drehbücher für Animationen
- Drehbücher für Videoproduktionen

☑ **Kurztip:**
Grenzen Sie die Kompetenzen der PR-Agentur bei der Mitentwicklung am Multimedia-Projekt genau ab – Sorgen Sie für einen reibungslosen Kommunikationsweg zwischen allen am Projekt beteiligten Parteien.

TIP 21 *Verschaffen Sie sich Marktüberblick*

Bevor Sie ein Produkt entwickeln, sollten Sie sich zuerst einen umfassenden Marktüberblick verschaffen. Konkurrenz belebt zwar das Geschäft, doch bei der Schnellebigkeit der digitalen Produkte sollten Sie Ihr Produkt mit gewissen Alleinstellungsmerkmalen versehen. Falls Sie ein Produkt nachahmen wollen, dann überzeugen Sie Ihren Kunden durch zusätzliche Produktvorteile. Wichtig bei Ihren Recherchen ist herauszufinden, welche ähnlichen Produkte von Ihren Mitbewerbern bereits auf dem Markt sind. *Wie aktuell sind diese Produkte? Welchen Kundenservice bieten sie? Was wird dargestellt und in welchem Umfang?* Bringen Sie zudem die verschiedenen Vertriebskanäle in Erfahrung.

Da digitale Produkte sehr schnellebig sind und täglich mehrere Titel auf dem Markt erscheinen, sollten Sie den Markt aufmerksam sondieren. Den besten Überblick derzeitig angebotener Produkte erhalten Sie über Computerfachzeitschriften und Direktversender von CD-ROM-Produkten. Firmenpräsentationen und Produktkataloge werden aber meist direkt vom Unternehmen an die entsprechende Zielgruppe verteilt. Daher sollten Sie sich bereits existierende Produkte Ihrer Mitbewerber beschaffen, aber auch die nicht fach- und branchenspezifischen Anwendungen unter die Lupe nehmen. Halten Sie gute Ideen und gelungene Umsetzungen als Anregungen für Ihr Produkt fest. Lernen Sie, wie Sie ein Produkt auf verschiedene Arten entwickeln können. Vergleichen Sie Produkte miteinander. Schaffen Sie qualitative und quantitative Beurteilungskriterien. Gelungene Screenlayouts können Sie z.B. als Einzelbild abspeichern und als Anregung für Ihr Vorhaben verwenden.

Nur durch das Betrachten zahlreicher Anwendungen können Sie beurteilen, welchen Anspruch Ihr fertiges Produkt haben soll. Durch dieses Betrachten bekommen Sie einen Überblick und können bereits bei der Planung Ihrem (externen oder internen) Dienstleister Ihre Wünsche genau vermitteln.

> ☑ **Kurztip:**
> Machen Sie Marktanalysen und Produkttests – Vergleichen Sie verschiedenste Anwendungen miteinander – Halten Sie gelungene Produktideen für Ihre Umsetzung fest und werten Sie systematisch aus.

TIP 22 *Nicht jede Idee läßt sich realisieren!*

Wie bei jedem Projekt findet zu Beginn ein Brainstorming statt. In der ersten Projektsitzung mit einem größeren Team werden zunächst alle Einfälle, Ideen, Wünsche und Forderungen an das Produkt festgehalten. Wichtig dabei: Lassen Sie die *Gedanken fließen*, auch wenn Ihnen Ihre Ideen absurd erscheinen. Erst aus einem vollen Ideenpool kann ein gutes Produkt entstehen. Bei der Ideensammlung diskutieren Sie sowohl über inhaltlichen Dinge wie auch über die Möglichkeiten der Gestaltung und des Medieneinsatzes. Alle gesammelten Ideen werden aufgelistet, und danach wird darüber entschieden, in *welche Richtung* das Projekt gehen soll. Markante Inhalte, Funktionen und Anforderungen, die auf jeden Fall im Produkt umgesetzt werden sollten, erhalten dabei die Priorität A oder B. Verteilen Sie *Prioritäten von A bis D*.

Schöpfen Sie also zunächst aus Ihrer Ideensammlung und entwickeln Sie davon ausgehend Ihr ganz persönliches Produkt. *Reduzieren Sie schrittweise* die Projektvorhaben, die Ihnen zu aufwendig und an der Produktzielsetzung vorbeientwickelt erscheinen. Streichen Sie Ideen, die niedrigere Prioritäten als C besitzen. Nur noch einzelne Ideen aus der Kategorie C sollten Sie als highlights in Ihr Produkt integrieren.

Lassen Sie die Ergebnisse reifen und legen Sie erst in einer weiteren Projektsitzung fest, welchen groben Aufbau Ihr Produkt erhält und welches die markanten Inhalte sind. Mit Hilfe von *mindmaps* und *Verlaufspläne* (⇒siehe Tip 23) bekommen Sie das Produkt und seine inhaltlichen Merkmale rasch in den Griff. mindmaps und vorläufiges Konzept sind die Ausgangsbasis für ein erstes Gespräch mit dem Multimedia-Dienstleister.

> ☑ **Kurztip:**
> Sammeln Sie zuerst Ideen – Lassen Sie Ihren Gedanken freien Lauf – Setzen Sie dann Prioritäten von A bis D – Streichen Sie alle Prioritäten, die geringer als C sind – Greifen Sie aus dem Pool mit der Priorität C nur noch einzelne highlights heraus.

TIP 23 *mindmaps - kreatives Werkzeug für Ideen*

Für die gehirngerechte grafische Darstellung von Ideen und Zusammenhängen entwickelte der Engländer Tony Buzan die Mindmapping-Technik. Mit ihrer Hilfe werden gleichzeitig die verschiedenen Fähigkeiten der beiden Gehirnhälften genutzt. Sowohl das rechtsliegende Hirnzentrum, verantwortlich für die visuellen Wahrnehmungsfunktionen, als auch die linke Gehirnhälfte, zuständig für den analytischen Part, Sprache, Fakten und Erfassung von Details, werden in dieser Methode vereint. Kreativität und analytisches Denkweise reichen sich dabei - bildlich gesprochen - die Hände und agieren miteinander.

Gehen Sie bei mindmaps von einer Baumstruktur aus. Im Zentrum befindet sich das Thema oder der Gedanke, den es zu vertiefen gilt. Wie bei einer Art Wissenslandkarte oder bei der Verästelung eines Baumes entwickeln Sie nach und nach Ihr Gedankengerüst. Sie sammeln Assoziationen und Einzelaspekte und verstärken diese zudem mit einzelnen Symbolen und Bildern. Allmählich entwickeln Sie einen Gedankenbaum, mit dessen Hilfe Sie komplexe Zusammenhänge sehr einfach darstellen und wiedergeben können. *Nutzen Sie die Mindmapping-Technik für Ihre Ideensammlung.*

Abb. 3: *Ausschnitt aus einem mindmap:*

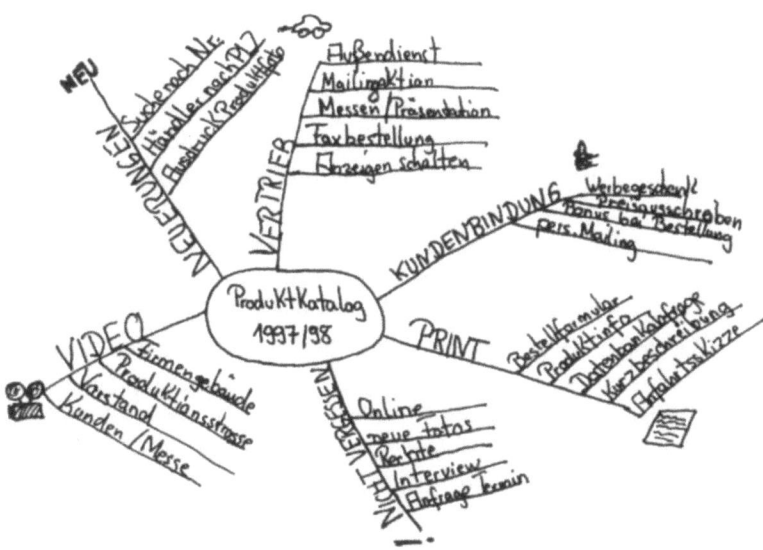

TIP 24 Wozu ein Drehbuch - und wer erstellt es?

Drehbücher sind im Grunde genommen sehr ausführlich ausformulierte Ablaufdiagramme (⇒siehe Tip 25) mit detailliert aufgezeigten Inhalten. Sie werden in der Regel für Lernprogramme und Spiele entwickelt. Für herkömmliche Anwendungen wie Kataloge, Produkt- und Firmenpräsentationen sowie einfache Medienabläufe genügen hingegen Ablaufdiagramme mit genauen Medienverweisen und ein gut ausformuliertes Pflichtenheft (⇒siehe Tip 39).

Geht Ihr Produktvorhaben aber in die Richtung eines Lehr-Lernprogrammes, möchten Sie z.B. ein Produkt näher erklären und dem Anwender die Möglichkeit geben seinen Lernfortschritt in verschiedenen Tests zu überprüfen, so ist ein Drehbuch zwingend. Werden im Pflichtenheft die genauen Standards des Programms wie Seitenaufbau, Fehlerprotokollierung und Hilfemöglichkeiten festgelegt, so orientiert sich das Drehbuch sehr am Inhalt des Produkts. Bei Lernprogrammen wird ausführlich auf die verschiedenen Aufgabentypen, die unterschiedlichen Interaktionsmöglichkeiten und natürlich auf die benutzerspezifischen Feedbacks eingegangen. Jede richtige und falsche Lösungsvariante wird im Drehbuch festgehalten, z.B.: Wie soll das Programm auf die entsprechende Anwendereingabe reagieren und welche Lösungswege werden aufgezeigt? Letztendlich beschreibt das Drehbuch sämtliche Wege eines Anwenders, die er im Programm beschreiten kann und wie das Programm sich dabei verhält.

Einige Drehbuchautoren arbeiten gerne mit einer zweispaltigen Seitenaufteilung. Der Autor geht dabei in aller Regel so vor, daß er auf der einen Hälfte eine skizzenhafte Darstellung der entsprechenden Bildschirmseite im groben Aufbau entwickelt; sie ist für ScreenDesigner und Programmierer wichtig. Auf der anderen Seite werden die genauen Reaktionen und Möglichkeiten des Programmes mit allen Variationen beschrieben. Dazu gehören der direkt dargestellte Text, Aufgabenformen wie z.B. Lückentext, Multiple Choice oder drag'n drop-Aufgaben sowie die jeweils passenden Antworten bzw. Feedbacks auf jede Eingabe. Je „intelligenter" ein Lernprogramm ist, um so individueller geht es auf die Eingaben des Anwenders ein. Jede Eingabemöglichkeit muß also vom Drehbuchautor vorüberlegt sein. Zu einer Bildschirmseite können auf diese Art und Weise mehrere Seiten entwickelt werden. Je mehr Eingabevarianten das Programm zuläßt, um so umfangreicher wird die Beschreibung und natürlich auch die programmtechnische Umsetzung.

Deswegen muß der Drehbuchautor auch tief mit der Materie vertraut sein, was bei fachspezifischen Themen kaum möglich ist. Er arbeitet daher oft eng mit den nötigen Fachleuten zusammen. Gemeinsam werden Inhalte für den theoretischen Teil herausgearbeitet und die verschiedenen Aufgabentypen mit Lösungsmöglichkeiten entwickelt. Drehbücher sind meist sehr aufwendig und verursachen einen großen Teil der Projektkosten.

Für die Entwicklung des Drehbuchs werden bei kleineren Programmen einfache Textverarbeitungssysteme verwendet, aus denen die Texte für die Software einfach übernommen werden. Bei umfangreichen Projekten werden Drehbuchmodule geschrieben, wobei die Eingaben des Drehbuchautors später teilweise automatisch in das Programm umgesetzt werden können. Sie müssen sich das wie eine Art Datenbank vorstellen, die für die Verwaltung der Aufgabentypen und Feedbacks verantwortlich ist. Bei diesem Vorhaben ist allerdings eine aufwendige Vorleistung der Entwicklungsabteilung Voraussetzung.

> ☑ **Kurztip:**
> Lassen Sie Drehbücher nur für Lehr-Lernprogramme und Spiele entwickeln – Pflichtenheft und Ablaufdiagramm sind für alle anderen digitalen Projekte ausreichend – Drehbuchautoren benötigen spezifische Fachkompetenz, die Sie von Fachleuten beschaffen müssen – Gute Drehbücher sind ausführlich und teuer.

TIP 25 *Ein Ablaufdiagramm hilft bei der Veranschaulichung und Datenspeicherung*

Ein komplexes digitales Produkt sollte so dargestellt werden können, daß Sie jederzeit in der Lage sind, die Programmwege und enthaltenden Medien nachzuvollziehen und zu identifizieren. Hierfür hat sich ein Verfahren entwickelt, daß dem Flußdiagramm der EDV sehr ähnelt. Dennoch basiert es auf individuellen Darstellungsmöglichkeiten ohne genormte Symbolik.

Stellen Sie sich ein Ablaufdiagramm wie einen großen Stadtplan vor. Jedes Haus entspricht einer Bildschirmseite in Ihrem Programm. Von und zu diesen Häusern verlaufen Wege und Straßen, die Pfade, die der Anwender beschreiten kann. Die auf diesen Wegen anzutreffenden Objekte sind die einzelnen Medien, also Text, Bild, Ton, Animation und Video. Mit Hilfe von Pfeilen werden die Bewegungsrichtungen verdeutlicht, mit kleinen Symbolen und hierarchisch gegliederten Zahlen- und Buchstabenfolgen werden die Bildschirmseiten sowie die darin direkt angesprochenen und aufrufbaren Medien erklärt.

Dieser Ablaufplan wird dann anhand der vergebenen Zahlen in eine lineare Schreibweise übertragen, bei der seitenweise vorgegangen wird. So erhalten Sie für jede Bildschirmseite den genauen Aufbau und die darin enthaltenen Medien. Die auf diese Weise gewonnene Zahlen- und Buchstabenkombination kann wiederum für die Speicherung der unterschiedlichen Medien verwendet werden. Dieser so entstandene Medienverwaltungsplan ist dann den Entwicklern und den Produzenten der Medien äußerst nützlich. Denn auf diese Weise läßt sich jedes gespeicherte Medium eindeutig identifizieren – allerdings nur in Verbindung mit Ihrem Ablaufplan.

> ☑ Kurztip:
> Entwickeln Sie Ihr Produkt mit Hilfe eines Ablaufplans - Nutzen Sie den Ablaufplan zur Präsentation im Plenum - Programmänderungen lassen sich am Ablaufplan schnell verdeutlichen - Entwickeln Sie einen Medienverwaltungsplan anhand Ihres Ablaufplans.

Abb. 4: *Beispiel eines Ablaufdiagramms*

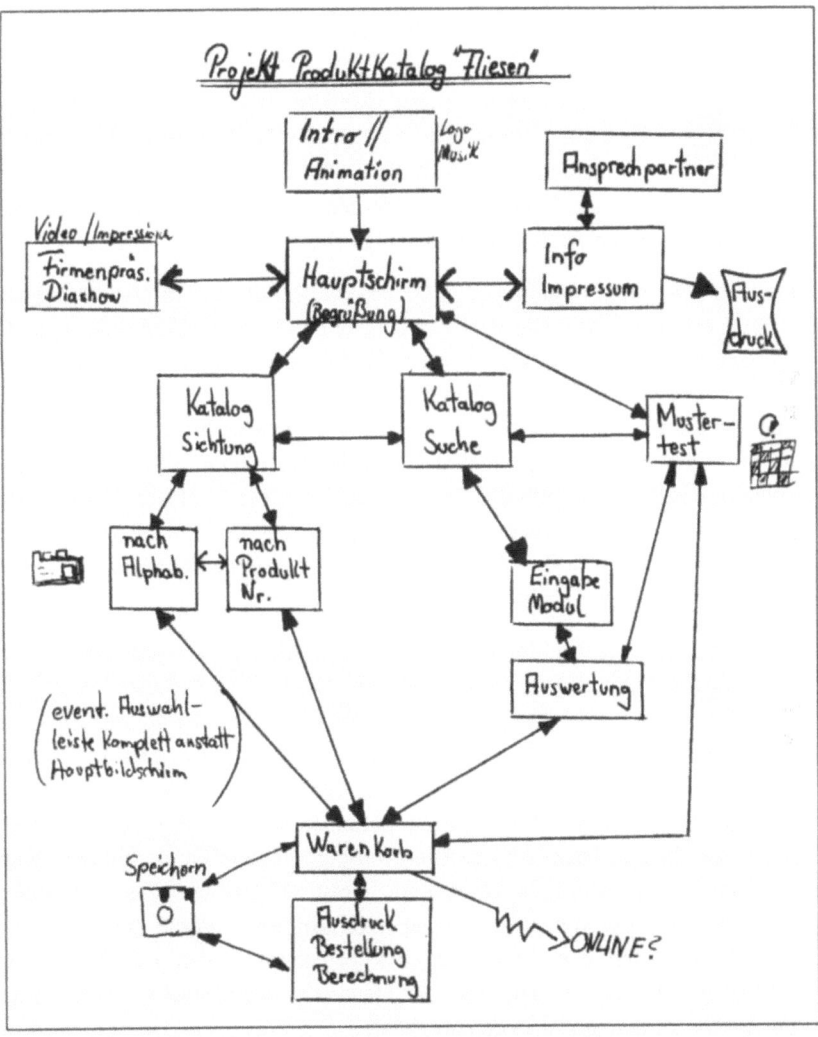

TIP 26 Welche vorhandenen Medien können Sie nutzen?

Das Entwickeln neuer Medien ist aufwendig und teuer. Deshalb sollten Sie zunächst gründlich erkunden, welche vorhandenen Medien Sie für Ihr Projektvorhaben nutzen können und welche Medien neu erstellt werden müssen. Suchen Sie in Ihren Archiven und schalten Sie Ihre PR-Agentur ein.

Für Firmen- und Produktpräsentationen können die als Print vorhandenen Bilder genutzt werden. Diese sollten allerdings von gleichbleibender Qualität vorhanden sein. Hierbei genügt es, wenn Sie dem Entwickler eine saubere Scanvorlage aushändigen. Gehen Sie nicht davon aus, daß die Vorlage 1:1 übernommen werden kann. Die individuelle Bildbearbeitung ist stets notwendig. Sie betrifft Größendarstellung, Bildausschnitte, Korrekturen und gemeinsam genutzte Farbpaletten. Können Sie diese Vorlagen nicht stellen, müssen neue Aufnahmen gemacht werden. Nutzen Sie die Möglichkeit der Photo-CD oder die direkte Aufnahme mit einer digitalen Kamera. Sie sparen sich einen weiteren Arbeitsgang.

Auch vorhandenes Filmmaterial läßt sich, abhängig von der Qualität des Ausgangsmaterials, digitalisieren und verwenden. Damit sparen Sie sich die Kosten für eine neue Filmproduktion. Völlig neu beginnen müssen Sie allerdings beim Audiomaterial. Für die Erläuterungen aus dem Off, die Anweisungen für die Bedienung und die Untermalung müssen Sprechertexte aufgenommen und passende Musikstücke gefunden werden. Bei den Sprecher--texten ist ein Tonstudio zwingend notwendig. Achten Sie hierbei auf Qualität. Bei den Musikstücken können Sie meist auf GEMA-freie Audiostücke zurückgreifen, die von einer Vielzahl von Anbietern vorab zur Verfügung gestellt und anschließend nach Bedarf abgerechnet werden. Der Preis richtet sich meist nach der Auflage und der Dauer des Musikstücks. Für benötigte Geräusche verhält sich dies entsprechend.

> ☑ Kurztip:
> Sparen Sie Kosten durch die Nutzung bereits vorhandener, analoger Medien, wie Fotos, Plakate und Filme – Lassen Sie Sprechertexte nur im Tonstudio erstellen – Verwenden Sie GEMA-freie Musik/Töne.

TIP 27 *Wer erstellt die neuen benötigten Medien?*

Haben Sie den Auftrag komplett an eine Multimedia-Firma übergeben, wird diese in aller Regel alle Medien digital erstellen und sich um die Beschaffung zusätzlicher Materialien kümmern.

Für die gänzlich neuen Foto- und Filmaufnahmen sollten Sie einen Spezialisten bzw. ein professionelles Team einschalten. Oftmals arbeiten Multimedia-Dienstleister mit einem Netzwerk von freien Mitarbeitern und Unternehmen zusammen, die als Zulieferer und Medienproduzenten fungieren. Ihr Vorteil dabei: Alles kommt aus einer Hand, und Sie haben nur einen Ansprechpartner. Prüfen Sie im Vorfeld das Angebot und die Qualität. Finanziell gesehen wird Ihr Dienstleister lediglich die in dieser Branche übliche Vermittlungsprovision von 10-15% auf den Gesamtpreis aufschlagen. Fragen Sie Ihren Dienstleister nach den entsprechenden Kontakten oder bringen Sie Ihre PR-Agentur mit ins Spiel und überlassen Sie ihr die Erstellung neuer, analoger Medien. Diese können dann vom Multimedia-Dienstleister einfach für das digitale Produkt bearbeitet und integriert werden.

Die Bearbeitung der analogen Medien liegt dann beim Dienstleister. Der Screen- bzw. MedienDesigner digitalisiert die Videofilme, Musik- und Sprechersequenzen, scannt und bearbeitet alle Bilder und entwickelt das Bildschirmlayout. Auch für die Aufnahmen der Sprechertexte im Tonstudio sollte der Dienstleister eine Person beauftragen, die Aufnahmen im Tonstudio und die anschließende Digitalisierung zu überwachen.

> ☑ Kurztip:
> Lassen Sie neu zu produzierende Medien professionell erstellen – Greifen Sie auf das Netzwerk Ihres Dienstleisters zurück – Nutzen Sie den Service, alles aus einer Hand zu bekommen.

TIP 28 *Sind alle Nutzungsrechte für Ihr Produkt geklärt?*

Nicht immer, wenn Sie in Besitz von Medien sind, haben Sie zugleich auch den Anspruch darauf, diese Medien beliebig zu verwenden. Oftmals wird die Nutzung von Medien eingeschränkt. So kann Fotomaterial z.b. nur für die ausdrückliche Verwendung von Büchern und Werbeplakaten, Musikstücke ausschließlich für Rundfunkwerbezwecke und Filmdokumente für Inhouse-Vorführungen zur Verwendung vertraglich vorbestimmt sein. Eine anderweitige Nutzung muß in diesem Fall neu vereinbart und schriftlich genehmigt werden. Verlage sind erst jetzt dazu übergegangen, alle Rechte für aktuelle und kommende Speichermedien vertraglich festzulegen.

Das bedeutet für Ihr Projekt konkret: Überprüfen Sie jedes verwendete Medium auf die eindeutige Nutzungsmöglichkeit. Überzeugen Sie sich stets davon, daß Sie keine Rechte Dritter verletzen. Dies könnte Sie teuer zu stehen kommen. Die Folge wäre z.B. die völlige Vernichtung und Zurückziehung aller produzierten Produkte und eine entsprechende Entschädigungszahlung an den Eigner der Rechte. Lassen Sie sich deshalb jede Nutzung von Medien schriftlich genau bestätigen. Geben Sie an, für welchen Zweck Sie die Medien benötigen und versuchen Sie, die Nutzungsrechte und Zahlungen nicht von der Auflage abhängig zu machen. Fotomaterial, auf dem verschiedene Personen Ihres Unternehmens zu sehen sind, ist kritisch. Lassen Sie sich auch hier eine Einwilligung geben, daß die betreffenden Personen mit ihrer Digitalisierung und Verbreitung einverstanden sind.

Beim Einkauf fremden Datenmaterials lassen Sie sich immer eine Erklärung aushändigen, die bescheinigt, daß keine Rechte Dritter verletzt wurden. Gehen Sie bei allen Fremdmedien auf Nummer sicher. Da das Urhebergesetz hier noch keine eindeutigen Richtlinien zeigt, sollten Sie immer auf der sicheren Seite stehen. Besonders wichtig ist dies auch bei der Veröffentlichungen im Internet, wo eine weltweiter Zugriff möglich ist.

 Kurztip:
Sichern Sie jede Mediennutzung schriftlich ab und achten Sie darauf, daß Rechte Dritter niemals verletzt werden!

TIP 29 Wie finden Sie den richtigen Dienstleister?

Für Ihr digitales Projekt benötigen Sie den geeigneten Produzenten. Dienstleistung rund um Multimedia ist eine aufstrebende Branche und entsprechend tummeln sich zahlreiche Anbieter auf dem Markt. Vom studentischen Einzelkämpfer bis hin zu den größeren Unternehmen, deren Anteile von Großkonzernen gehalten werden, finden Sie alles. Doch welches Unternehmen ist richtig für Sie und Ihr Projektvorhaben?

Studieren Sie die Branchenseiten. Trotz virtuellem Zeitalter ist die räumliche Nähe für schnelle Entscheidungen oft vorteilhaft, besonders bei absprachenintensiven Projekten. In den einschlägigen Multimedia- und Marketing-Zeitschriften wie multiMEDIA, Screen Multimedia oder W&V (werben & verkaufen) finden Sie Multimedia-Dienstleister mit unterschiedlichen Realisierungsschwerpunkten genannt. Sie erkennen, welches Unternehmen marketingorientierte Produkte, Lernprogramme oder datenbankbasierte Anwendungen realisiert. Daneben präsentieren Spezialisten nur einzelne Dienstleistungen aus der Multimedia-Entwicklung, z.B. ScreenDesign, Programmierung, Konzeption, Drehbuch, Videodigitalisierung etc. Neben dem Branchenjahrbuch vom Hightext Verlag finden Sie die nötigen Informationen auch im CD-ROM Markenhandbuch vom Team-Verlag und dem Fachblatt HORIZONT. Dort sind Adressen von Unternehmen aus den Bereichen Agentur, Multimedia-Dienstleister etc. anschaulich präsentiert.

Suchen Sie sich zunächst eine Reihe von Unternehmen aus. Lassen Sie sich Firmeninformationen, Infos zu Referenzkunden und -produkten zusenden und machen Sie sich ein Bild. Nicht immer sind die größten Unternehmen die besten, kreativsten und schnellsten. Besonders in der Multimedia-Branche zeigt sich, daß innovative kleine Unternehmen große Multimedia-Dienstleister in Flexibilität, Engagement, Kreativität und Kosten schlagen.

☑ **Kurztip:**
Finden Sie Ihren Dienstleister über Fachzeitschriften – Sammeln Sie Informationsmaterial und verschaffen Sie sich einen ersten Überblick.

TIP 30 *Vorinformationen für den Dienstleister fördern das erste Projektgespräch und beschleunigen die Angebotsphase*

Wenn Sie sich über Ihr Projektvorhaben im klaren sind und bereits konkrete Vorstellungen zu Umsetzung und Inhalten besitzen, sollten Sie diese festhalten und für ein erstes Gespräch mit einem Dienstleister aufbereiten. Die von Ihnen geleistete Vorarbeit kann die Phase des Briefings oder der Evaluation im gemeinsamen Workshop mit dem Entwickler deutlich verkürzen. Je konkreter Ihre Vorstellungen oder Ihr Konzept sind, um so schneller kann die Projektrealisierung erfolgen. Damit sich Ihr Dienstleister auf das Gespräch ebenfalls vorbereiten kann, ist es notwendig, daß Sie Ihn mit einigen Vorabinformationen versorgen.

Stellen Sie Ihm ein mindmap oder eine Auflistung aller gefundenen Ideen für Ihr geplantes Produkt zur Verfügung. Listen Sie Ihre Wünsche nach Prioritäten auf. Konkrete Vorstellungen sollten Sie bereits in einem Ablaufdiagramm kommentiert darstellen.

Teilen Sie Ihrem Dienstleister auch mit, welchen Part Sie, Ihre PR-Agentur oder zusätzliche Mitentwickler übernehmen könnten. Zeigen Sie auf, welche Medien neu entwickelt oder eingekauft werden müssen und welche Medien bereits für die Weiterverarbeitung vorhanden sind. Geben Sie außerdem Ihre zeitliche Planung mit genauem Erscheinungstermin bekannt. Weisen Sie darauf hin, daß Sie bereits aus dem ersten Gespräch möglichst konkrete Informationen mitnehmen möchten, gefolgt von einem Angebot.

Geben Sie dem Dienstleister die Möglichkeit und ausreichend Zeit, vor dem ersten Treffen telefonische Rückfragen an Sie zu stellen. Je konkreter Sie ihn informieren können, um so konkreter werden seine Aussagen beim Projekttreffen ausfallen.

 Kurztip:
Beliefern Sie Ihren Dienstleister mit genügend Vorabinformationen für eine konkrete Planung, eine Projektpräsentation und das Angebot.

TIP 31 *Das erste Treffen mit dem Dienstleister*

Haben Sie einen Dienstleister in die engere Wahl gezogen, vereinbaren Sie ein erstes Treffen mit ihm. Laden Sie ihn in Ihr Unternehmen ein. Möchten Sie bereits im ersten Treffen Produktergebnisse begutachten, so sollten Sie den Dienstleister bitten, Produkte für eine Vorführung mitzubringen. Das erste Treffen dient dem ersten Kennenlernen und der Kurzvorstellung Ihres Projektes. Fragen Sie nach Referenzkunden und -produkten. Präsentieren Sie Ihre Arbeitsergebnisse aus den vorangegangenen Projektsitzungen und lassen Sie den Multimedia-Dienstleister erste Einschätzungen zur Realisierung Ihres Projektes geben.

Fragen Sie nach den Möglichkeiten der Projektdurchführung und in welchem Zeitraum das Produkt realisiert werden kann. Versuchen Sie, bereits jetzt einen groben Projektplan zu entwickeln. Haben Sie innerhalb Ihres Projektteams schon konkrete Vorbereitungen getroffen, können Sie Ausarbeitungen in Form von mindmaps und Verlaufsplänen in das Gespräch einbringen. Soll sich der Dienstleister an der Konzeption beteiligen, ist im zweiten Schritt ein gemeinsamer Workshop angebracht. Damit Ihnen der Dienstleister ein erstes, unverbindliches Angebot unterbreiten kann, sollte er Ihnen anhand eines Fragenkataloges noch offene Fragen zum Projekt stellen. Das daraus resultierende Angebot sollte dann die wesentlichen Punkte Ihres Projektvorhabens enthalten und bereits detaillierte Posten ausweisen. Genaue Zahlen können allerdings erst genannt werden, wenn das Produkt anhand eines Pflichtenheftes detailliert beschrieben ist. Versuchen Sie deshalb, dem zukünftigen Dienstleister so viel Informationen wie möglich mit auf den Weg zu geben. Je mehr Details er kennt, um so präziser kann er das Angebot erstellen.

> ☑ **Kurztip:**
> Bringen Sie Ihre Vorstellungen und Ergebnisse aus vergangenen Projektsitzungen in das Gespräch ein – Führen Sie das Gespräch in Ihrem Hause durch und bitten Sie um die Präsentation von Referenzprodukten – Konkretisieren Sie Ihr Projektvorhaben so gut wie möglich, um ein präzises Angebot zu erhalten – Bei gemeinsamer Konzeption gestalten Sie einen Workshop mit dem Multimedia-Dienstleister.

TIP 32 *Der gemeinsame Workshop entwickelt das Produkt*

Kann das Konzept des digitalen Produktes nicht allein in Ihrem Unternehmen erstellt werden, bietet sich ein gemeinsamer Workshop mit dem Dienstleister an.

Ziel dieses Workshop ist es aufzuzeigen, welche *Möglichkeiten es für Ihr spezielles Anliegen* gibt und in welcher Form es umgesetzt werden kann. Auf der einen Seite erhält der Dienstleister durch den Workshop einen größeren Einblick in Ihre Produkte, lernt Ihre Zielgruppe und Ihre Firmenphilosophie besser kennen. Auf der anderen Seite lernen Sie die Möglichkeiten kennen, mit denen ein Multimedia-Projekt angegangen wird.

Durch die Arbeit in diesem Workshop, der in der Regel zwischen zwei bis fünf Tagen dauert, lernen Sie Ihren zukünftigen Dienstleister näher kennen und entwickeln ein erstes Gefühl für die mögliche Zusammenarbeit. Der Workshop kann völlig losgelöst vom eigentlichen Projekt stattfinden und zum Beispiel lediglich als Konzeptionshilfe dienen. Arbeitsergebnis eines Workshops sollte ein fertiges, bis ins Detail ausgearbeitetes Pflichtenheft mit Ablaufplänen sein. Workshops werden getrennt vom Projekt abgerechnet. Theoretisch könnten Sie sich nach einem durchgeführten Workshop auch einen neuen Dienstleister suchen, der mit den erarbeiteten Materialien direkt an die Umsetzung des Produktes geht. Generell ist aber der Dienstleister, mit dem Sie dne Workshop durchführen, auch für die Umsetzung des Produkts zuständig, da ja bereits eine Menge an Fachwissen weitergegeben wurde.

> ☑ **Kurztip:**
> Konzipieren Sie in gemeinsamen Workshops mit dem Dienstleister Ihr Produkt – Lernen Sie so Ihren zukünftigen Dienstleister besser kennen – Pflichtenheft und Ablaufplan sind das Workshop-Ergebnis.

TIP 33 *Holen Sie Auskünfte und Referenzen über Ihren Dienstleister ein*

Auch das soll es geben: Mitten im Projekt werden Sie unfreiwillig von Ihrem Multimedia-Dienstleister verlassen. Genau so schnell wie diese Unternehmen aus dem Boden schießen, verlassen sie leider auch wieder den Markt. Unterschiedlichste Gründe treiben Firmen in den Konkurs, lassen sie verschwinden und an einem anderen Ort, mit anderem Namen und ähnlicher personeller Zusammensetzung wieder aufleben. Sie als Auftraggeber und Ihr Produkt können dabei auf der Strecke bleiben.

Sichern Sie sich deshalb zuvor ab. Holen Sie zunächst Auskünfte über das Unternehmen ein. Lassen Sie sich Referenzprodukte und die Kundenliste des Unternehmens zeigen. Scheuen Sie auch nicht davor, einen früheren Kunden nach seiner Zufriedenheit in der Zusammenarbeit mit dem Multimedia-Dienstleister zu befragen. Erkundigen Sie sich bei einer GmbH nach der Höhe des Stammkapitals und den Gesellschaftern des Unternehmens. Holen Sie Auskunft über Kreditwürdigkeit ein. Über die SCHUFA können Sie nähere Auskünfte über das jeweilige Unternehmen erfahren.

Da Ihr Projekt sich in aller Regel über einen längeren Zeitraum erstreckt, sollten Sie größtes Vertrauen zu Ihrem Dienstleister aufbauen. Eine vertrauensvolle Basis ist die Grundlage für ein erfolgreiches Projekt.

> ☑ **Kurztip:**
> **Gehen Sie kein Risiko ein – Beschaffen Sie sich Auskünfte über Ihren Dienstleister – Lassen Sie sich Referenzen geben – Fragen Sie auch ehemalige Kunden nach ihrer Zufriedenheit.**

TIP 34 *Das Angebot und die Zahlungsmodalitäten*

Bei den ersten Gesprächen holt sich der Multimedia-Dienstleister die nötigen Informationen, um Ihnen ein detailliertes Angebot unterbreiten zu können. Je genauer und differenzierter die Angaben zum Projekt sind, um so exakter kann der Dienstleister das Projektvorhaben kalkulieren und ein genaues Angebot unterbreiten.

Angebote werden meist so aufgeschlüsselt, daß die einzelnen Dienstleistungsbereiche daraus ersichtlich werden. So werden ScreenDesign, Konzeption, Programmierung, Bildbearbeitung, Video- und Tondigitalisierung, Pflichtenheft, Studioaufnahmen etc. separat aufgeführt. Für das Projekt wird eine Gesamtsumme genannt, die sich aus einzelnen Dienstleistungen zusammensetzt. Kalkuliert wird mit Mann-Tagen und -Stunden, also mit Tages- und Stundensätzen. Eine Aufschlüsselung ist nicht zwingend notwendig, macht Ihnen das Angebot aber transparenter. Zugleich wird Ihnen die Möglichkeit gegeben, detaillierte Verhandlungen führen.

Oftmals ist das erste Angebot, wenn noch keine detaillierten Angaben bzw. kein Pflichtenheft vorliegen, unverbindlich. Erst nach der Erstellung des Pflichtenheftes kann ein detailliertes Angebot erfolgen. Die Angebotssumme zwischen erstem und zweitem Angebot sollte nicht gravierend differieren, es sei denn, Sie haben neue konzeptionelle Wünsche für das Projekt.

Wird das Pflichtenheft vorab nicht als eigener Posten berechnet, gestaltet sich die Zahlungsweise bei Erteilung eines Auftrags in aller Regel wie folgt: Das erste Drittel wird bei Vertrags- bzw. Auftragsunterzeichnung zur sofortigen Zahlung fällig. Das zweite Drittel kann bei Lieferung einer ersten oder zweiten Beta-Version erfolgen. Nach vollkommener Fertigstellung des Produktes, Freigabe und Auslieferung aller vertraglich vereinbarten Materialien folgt die Zahlung des letzten Summendrittels. Ein Zahlung in zwei Raten, zu Vertragsunterzeichnung und Projektabschluß, ist ebenfalls denkbar.

> ☑ **Kurztip:**
> **Lassen Sie sich Ihr Angebot so detailliert wie möglich erstellen und einzelne Bereiche aufschlüsseln – Zahlen Sie in zwei oder drei Raten.**

TIP 35 Was darf ein Multimedia-Projekt kosten?

Eine sehr schwierige Frage, wenn man sie unabhängig von einem spezifischen Projekt beantworten soll. Grundsätzlich läßt sich feststellen, daß Multimedia-Produktionen nicht billig sind. Wenn man bedenkt, welches Team hinter einer Produktion steckt und welcher Aufwand betrieben werden kann, ist es nicht verwunderlich, daß manche Projekte schnell mehr als hunderttausend Mark kosten.

Aber auch einfache Firmen- und Produktpräsentationen werden, wenn sie den Anspruch der Professionalität haben, kaum unter zwanzigtausend Mark angeboten. Dies sind Preise, an denen Sie sich ungefähr orientieren können. Die Preisgestaltung hängt ab von der Komplexität des Produktes, Vorarbeiten bei der Konzeption und natürlich vom Aufwand der Medienbeschaffung und -bearbeitung. Je mehr Vorleistung Sie geben, desto günstiger wird der Entwicklungspreis. Letztendlich können Ihre Vorleistungen so umfangreich sein, daß Sie lediglich auf Programmierung und Mediendigitalisierung zurückgreifen müssen.

Erste Preisvergleiche holen Sie sich durch verschiedene Angebote ein. Lassen Sie sich die einzelnen Dienstleistungen aufschlüsseln. In welchem finanziellen Rahmen sich diese bewegen können, erfahren Sie im sogenannten Honorarleitfaden. Dieser wird jährlich neu vom HighText-Verlag veröffentlicht. Er soll Ihnen eine Orientierungshilfe sein. Die darin enthaltenen Angaben sind als Richtwerte zu sehen. Selbstverständlich werden Ihnen bei eigenen Preisvergleichen günstigere, aber auch teurere Angebote unterbreitet werden. Vergleichen Sie auch Pauschalangebote miteinander. Oft sind diese günstiger als die Summe der Einzeldienstleistungen. Der Dienstleister kann bei einem Komplettauftrag besser kalkulieren.

> ☑ **Kurztip:**
> Gute Produkte haben ihren Preis – Orientieren Sie sich an Honorarleitfäden – Holen Sie möglichst viele Angebote ein – Pauschalangebote sind besser als die Abrechnung von Einzeldienstleistungen.

Abb. 5: *Honorarüberblick für das Jahr 1997/98*

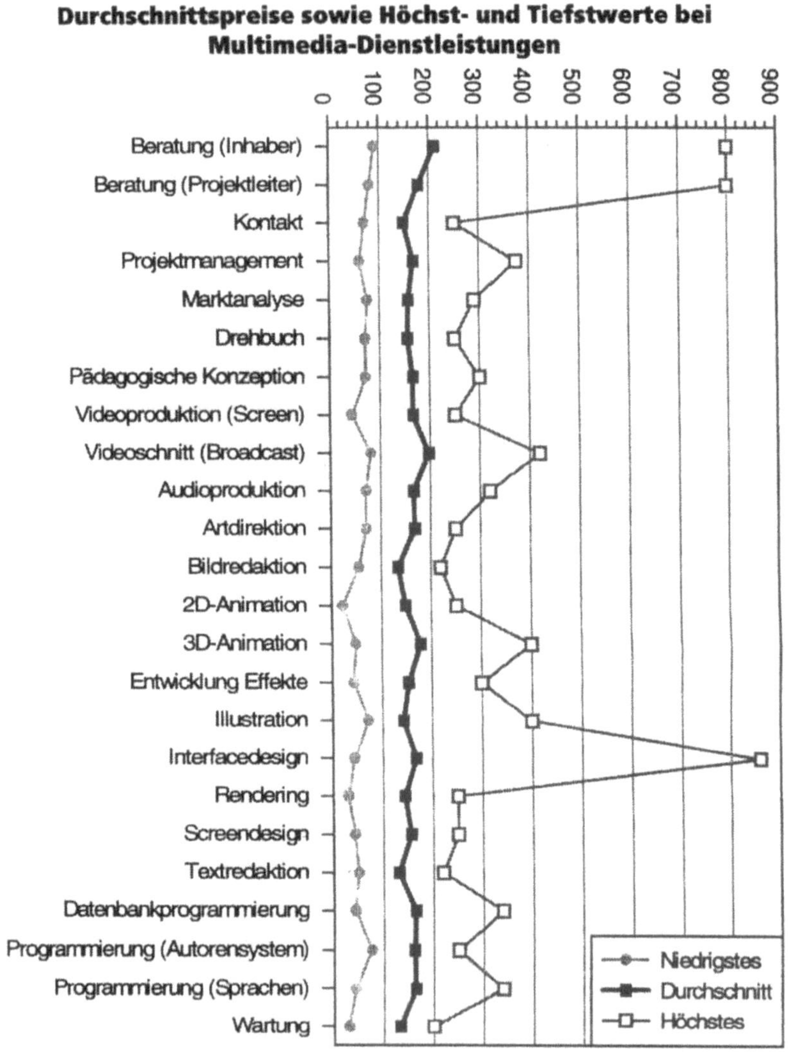

Quelle: multiMEDIA Honorarumfrage

multiMEDIA Honorarleitfaden 97/98

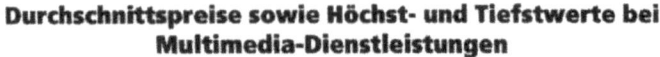

TIP 36 *Welche Leistungen müssen gesondert berechnet werden?*

Pflichtenheft und Angebot sind Grundlage für die Produktrealisierung. Der daraus resultierende Projektpreis wird im gemeinsam zu unterzeichnenden Projektvertrag festgehalten und ist zunächst fix. Lediglich die zu erstellenden Medien werden nach Stückzahl oder Laufzeit abgerechnet. Darunter fallen etwa die Zeiten für die Digitalisierung von Ton und Video, das Scannen von Bildern und die anschließende Bildbearbeitung oder die manuelle Eingabe von Datensätzen. Der Preis für das zu digitalisierende Ton- und Videomaterial wird über die Spieldauer abgerechnet. Sind aber während der Projektrealisierung Änderungen oder neue Programmabläufe geplant, so ist eine Neu- bzw. Nachkalkulation zwingend notwendig. Vor jeder zusätzlichen Änderung sollten Sie im Vorfeld einen Kostenvoranschlag und Auskunft über die zusätzliche Entwicklungszeit einholen.

Bei den Preisänderungen können Sie von zwei Arten ausgehen. Zum einen gibt es die geringfügigen Änderungen: Das Abspielen von zusätzlichen Video- oder Soundclips auf bestimmten, bereits vorhandenen Seiten bedeutet in der Regel keinen besonderen Mehraufwand. Voraussetzung dafür ist, daß das ScreenDesign es zuläßt und die Daten ohne größeren Aufwand angesprochen werden können. Anders verhält es sich bei zusätzlich eingefügten Funktionstasten, Seiten oder bei einer Umstrukturierung der Datenbankverwaltung. Neue Funktionen zu integrieren bedeutet in der Regel Mehraufwand, da die Funktionen sich oftmals durch das Gesamtprogramm ziehen. Wichtig ist auch der gewählte Zeitpunkt für die Änderungen im Projektablauf. Können zu Beginn der Programmierung gewünschte Änderungen eingebaut werden, gestaltet sich dieses Vorhaben zum späteren Zeitpunkt, etwa nach der Alpha-Phase (⇒siehe Tip 40), bereits komplizierter.

☑ **Kurztip:**
Vermeiden Sie Programmänderungen zum späten Projektzeitpunkt – Bei Mehraufwand und Zusatzleistungen stets Kostenvoranschlag einholen – Mehraufwand muß vom Dienstleister zuvor schriftlich angemeldet und von Ihnen bestätigt werden – Was im Pflichtenheft und Angebot steht, ist bindend für beide Parteien.

TIP 37 *Welche Leistungen können in einem Projektvertrag zusätzlich enthalten sein?*

Die Inhalte eines Projektvertrages spiegeln in der Regel die Anforderungen an das Produkt und die Realisierungsschritte wider. Einzelheiten werden im detaillierten Pflichtenheft festgelegt, auf den der Projektvertrag Bezug nimmt. Hinzu kommen die Projektterminierung und die Zahlungsmodalitäten.

Neben der eigentlichen Projektbeschreibung können noch zusätzliche Leistungen im Projektvertrag aufgeführt und gegebenenfalls gesondert berechnet oder dem Dienstleister als Zusicherungen gewährt werden.

Zu diesen Punkten zählen zum Beispiel:
- Regelung zur Übernahme der Hotline für das Produkt
- Übergabe von Quellcode und ausführlicher Programmdokumentation
- Regelung von Updates
- Gewährleistungsvereinbarungen bei Programmängeln
- Produktschutz und Konkurrenzklausel
- Zusicherung von Folgeprodukten
- Beteiligung am Stückzahlenverkauf/Umsatz
- Vorkaufsrechte und Rabattbezug

Alle zusätzlich in Ihren Vertrag aufzunehmenden Regelungen sollten Sie im Vorfeld mit Ihrem Dienstleister besprechen. Oftmals werden Verträge von einer Partei aufgesetzt und nach entsprechenden Korrekturen gemeinsam unterzeichnet. Neben dieser Variante bietet es sich an, den Vertrag gemeinsam in einer Arbeitssitzung zu erarbeiten. Lassen Sie den fertigen Vertrag von einer neutralen Person bzw. von einem Anwalt für Vertragsrecht noch einmal prüfen und schlüssig formulieren.

> ☑ **Kurztip:**
> Halten Sie zusätzliche Vereinbarungen im Projektvertrag fest – Erarbeiten Sie gemeinsam einen ersten Vertragsentwurf – Lassen Sie den Vertrag von einem Anwalt prüfen.

TIP 38 *Von der goldenen Scheibe zur fertigen CD-ROM: Kosten und Produktion*

Das fertiggestellte Programm wird zuerst auf einen CD-Rohling gebrannt. Von dieser Programmversion sollten Sie sich zwei Exemplare erstellen lassen. Eine davon geht als Master in das von Ihnen gewählte Preßwerk, die andere goldene Scheibe verwahren Sie bei sich als Sicherheitskopie. Man bezeichnet diese *CD-ROM auch als Gold-Master*, da die Schicht, in die die Daten gebrannt werden, meist eine goldene Farbe hat und diese CD-ROM als Original (Master) für die weiteren Schritte bei der Vervielfältigung verwendet wird. Vom Gold-Master wird der sogenannte Glas-Master erstellt. Er ist ein Abguß vom Original und dient als Vervielfältigungsform. Die Preise für die Vervielfältigung sind stark von der Auflage, der Verpackung und den Druckansprüchen abhängig. Je nach zu produzierender Stückzahl ist der Glas-Masters im Preis inbegriffen oder wird gesondert berechnet. Die derzeitigen Preise für einen Glas-Master liegen um die 1000 DM. Die Herstellungsstückkosten der CD-ROM sind von der Auflage abhängig und können bei hohen Auflagen (ca. 1000) bereits unter einer Mark liegen. Bei kleineren Auflagen, bis zu zweihundert Stück, lohnt sich die Vervielfältigung via Glas-Master und Preßwerk kaum, da der Herstellungsstückpreis zu hoch ist. Einige Anbieter haben hierfür einen individuellen Brennservice. Das Ergebnis ist wie der Gold-Master eine einfach gebrannte CD-ROM. Doch Vorsicht: Diese Scheiben sind empfindlicher als die herkömmlichen CD-ROMs, da die Datenseite nicht mit einer Schutzschicht überzogen ist

Auch die Wahl Ihrer Druckqualität ist ausschlaggebend für den Preis. Entscheidend dabei ist, wie viele Druckfarben Ihr Label - der Aufdruck auf der CD-ROM - und Ihr Begleitheft - das sogenannte Booklet - haben soll. Anbieter für die Vervielfältigung finden Sie in den entsprechenden Fachzeitschriften. Große Firmen der Unterhaltungselektronik und die Musikindustrie bieten diese Dienst auch an. In der Regel wird der Dienstleister für Sie die Vervielfältigung in die Wege leiten und überwachen.

☑ **Kurztip:**
Auflage, Verpackung und Druckansprüche bestimmen den Stückpreis – Vergleichen Sie die Anbieterpreise – Lassen Sie sich einen genauen Liefertermin bestätigen.

TIP 39   *Das Pflichtenheft und seine wichtigsten Inhalte*

Im Pflichtenheft legen Sie alle Details für Ihr Projektvorhaben und das Produkt fest. Das Pflichtenheft beinhaltet sowohl alle technischen Voraussetzungen als auch die Anforderungen an das Programm und wird in der Regel vom Entwickler erstellt. Mit Hilfe von grafischen Darstellungen werden komplexe Programmabläufe verdeutlicht und zusätzlich näher im Pflichtenheft beschrieben. Je detaillierter Ihr Pflichtenheft ist, desto genauer kann die Kalkulation und der Ablauf des Projektes erfolgen.

Hier einige Punkte, die Sie in Ihrem Pflichtenheft berücksichtigen sollten:
- Hardware- und Softwarevoraussetzungen (z.b. ab 486/33; 8 MB RAM; vierfach CD-ROM; 16 Bit Soundkarte; ab Windows 3.x)
- Legen Sie bei den zu entwickelnden Medien fest:
    - Digitalisierungsqualität der *Tondaten* (z.B. Samplingrate...)
    - Digitalisierungsqualität der *Videodaten* (z.B. Videoformat...)
    - Farbpaletten und Farbqualität der *Bilder* (z.B. 256 Farben...)
- Weg (z.B. online, Kurier...) und Medium (z.B. DAT, Disketten, CD-ROM, Syquest...) für die Datenlieferung
- Festlegung der Daten, die auf die Festplatte installiert werden müssen
- Grobbeschreibung des Programminhalts
- Ablaufplan für die Navigation, Interaktions- und Ausgabemöglichkeiten (z.B. Druck, Sound...) und ein Grobkonzept für das ScreenDesign (CI)
- Festlegung der im Projektpreis enthaltenen Anzahl von Besprechungsterminen und des genauen Abgabetermins des Masters
- Festlegung der Inhalte für Testversionen (Alpha-, Betaversion)
- Prozedere für die Programmtests und für Fehlerbeseitigung
- Anzahl der zu liefernden CD-ROMs für Tests und Master
- Aufbau des Datenbankdesigns
- Festlegung aller Programmierwerkzeuge (Entwicklungswerkzeug)
- Beschreibung des Lade- und Speicherverhaltens (z.B. Zugriffszeit bei Datenbankabfragen) unter bestimmten Hardwarevoraussetzungen.

☑ **Kurztip:**
Legen Sie Ihr Pflichtenheft so ausführlich wie möglich an – Abweichungen während des Projekts lassen Sie schriftlich bestätigen.

TIP 40 *Achten Sie auf genaue Abgrenzung der Projektphasen*

Nicht selten kommt es bei umfangreichen Projekten zu Verzögerungen. Die ursprünglich geplante Pufferzeit wird überschritten, und der Endproduktionstermin kann nicht mehr eingehalten werden. Wichtig für Planung und der Durchführung von Multimedia-Projekten ist daher die genaue Definition von Projektphasen.

Von Projektphasen sprechen wir, wenn die Arbeitsschritte eines Projektes zeitlich und arbeitstechnisch genau voneinander abgrenzbar sind. Diese Abgrenzung beruht in der Regel auf Erfahrungswerten genauer Bestimmung der Dauer von Arbeitsprozessen. So sollten etwa die einzelnen Phasen der Medienentwicklung terminlich im Pflichtenheft festgehalten werden, z.B. bis wann Bilder, Videodaten und Bildschirm-Layouts fertiggestellt werden müssen, bis wann das programmtechnische Konzept steht oder bis wann alle Sprechertexte vollständig zur Verfügung stehen. Wie bei einem Uhrwerk darf es bei der Entwicklung möglichst zu keinen Ausfällen bzw. Verzögerungen kommen.

Verdeutlichen Sie daher die Phasen und einzelnen Schritte für die Produktion in einem Ablaufdiagramm. Viele Produktionsprozesse laufen parallel zueinander, doch müssen die Ergebnisse zum festgelegten Termin für die Einbindung in das Programm zur Verfügung stehen. Ihr Dienstleister wird in Absprache mit Ihnen die genauen Termine für die Daten- und Materiallieferung vereinbaren. Bei eventuellen zeitlichen Verzögerungen kann eine Regelung für den Abgabetermin der verschiedenen Testversionen und des Endproduktes getroffen werden. Geben Sie jeder Projektphase eine gewisse Pufferzeit. Wenn Originaldaten noch nicht zur Verfügung stehen, werden oft sogenannte Dummies für das Produkt verwendet, d.h. anstelle des Originalmediums wird ein Ersatz eingefügt. Klären Sie also auch die genauen Phasen für diese und ähnliche Testprodukte.

In der Regel wird bei Softwareproduktionen von folgenden Testphasen ausgegangen:
- Phase Prototyp: Programmgerüst mit einigen Medien zur Veranschaulichung des Projektvorhabens; hierbei werden erste ScreenDesigns und Navigationsmöglichkeiten am Programm visualisiert.

- Phase Alpha I: Testversion mit noch unvollständigem Programmablauf und fehlenden Medien.
- Phase Alpha II: Testversion mit verbesserter Funktionalität gegenüber Alpha I und Ergänzungen der fehlenden Medien, aber noch Lücken.
- Phase Beta I: Fertige Version mit zum Teil noch fehlenden Medien, aber kompletter Programmfunktionalität; Programmfehler noch möglich.
- Phase Beta II: Endgültiges Produkt zum Abschlußtest mit allen Medien und kompletter Funktionalität; Programmfehler behoben; intensive Abschlußtests für mögliche Fehler.
- Master-Version: Alle gefundenen Mängel der Beta I- und Beta II-Phase wurden behoben; es wurden keine Fehler mehr gefunden, und das Produkt wird vom Auftraggeber für die Endproduktion freigegeben.

Wie fehlerfrei ein Software-Produkt ist, hängt zum größten Teil von der Intensität der gefahrenen Beta-Tests ab. Je nach Umfang des Projektes sollte diese Phase sehr großzügig berechnet werden.

> ☑ Kurztip:
> Die genaue terminliche Festlegung der Projektphasen ist das A und O bei einer Multimedia-Produktion – Halten Sie die Termine im Pflichtenheft fest – Treffen Sie eine Vereinbarung bei Terminverschiebungen – Legen Sie die Termine für die Phasen der Produkttests genau fest.

TIP 41 Wie können Sie den Projektablauf kontrollieren?

Haben Sie Ihre Projektrealisierung außer Haus gegeben, sollten Sie dennoch einen Überblick darüber bewahren, in welchem Stadium sich die Produktion gerade befindet. Zum einen können Sie dies über die klar vordefinierten Projektphasen im Pflichtenheft klären. Zum jeweiligen Projektabschnitt wird Ihnen dann Ihr Entwicklerteam den Projektstand berichten, die noch fehlenden Inhalte und Funktionen aufzeigen und den Projektstand auch in Fragmenten präsentieren können.

Zusätzlich ist es heute durch *Datenfernübertragung* sehr einfach möglich, immer den aktuellen Stand des Projektes (Programms) sowohl beim Dienstleister als auch bei Ihnen präsent zu haben. Wenn das Produkt einen entsprechenden Entwicklungsstand erreicht hat, so können Sie lediglich durch wöchentliche Software-Updates die Neuerungen und Weiterentwicklungen regelmäßig mitverfolgen. Fragen Sie Ihren Dienstleister, ob er Ihnen diese Möglichkeit eröffnen kann. Selbstverständlich kommt es in der Zeit bis zur Festlegung der Beta-Version zu Programmabstürzen, oder sie entdecken unvollständige Bildschirme, Funktionen und Medien. Dennoch können Sie frühzeitig einen Einblick in das Endprodukt bekommen und eventuelle Änderungswünsche rechtzeitig anmelden, um so Kosten zu sparen.

Erarbeiten Sie mit Ihrem Dienstleister auch eine Checkliste, die die verschiedenen Phasen der Medien- und Programmproduktion verdeutlicht. Auf diese Weise können Sie sich gegenseitig ein Bild davon machen, wie Ihr aktueller Stand ist und ob Sie im Zeitplan liegen. Vereinbaren Sie eine wöchentliche Klärung des Ist-Zustandes.

> ☑ **Kurztip:**
> **Vereinbaren Sie feste Präsentationstermine zur Klärung des Ist-Standes – Nutzen Sie die Möglichkeit des geregelten Updates via Datenfernübertragung noch vor den Beta-Phasen – Kontrollieren Sie den Ist-Stand mit Ihrem Dienstleister durch gemeinsam erarbeitete Checklisten.**

TIP 42 *Die richtige Zeitplanung ist wichtig*

Ihr geplantes Produkt *termingerecht* auf den Markt zu bringen, gehört zu den schwierigsten Aufgaben eines Multimedia-Vorhabens. Damit ein reibungsloser Projektablauf gewährleistet werden kann, müssen Sie stets Ihre Termine im Auge behalten und dazu einige Dinge beachten.

Vor der Festlegung Ihres Marketing-Plans sollten Sie bereits die einzelnen Phasen mit Ihrem Dienstleister durchgesprochen und einen verbindlichen Abgabetermin festgelegt haben. Grenzen Sie die einzelnen Projektphasen ganz klar voneinander ab und überprüfen Sie stets den aktuellen Projektstand. Greifen Sie bei Terminverzögerungen sofort ein, klären Sie den nachfolgenden Projektverlauf. Planen Sie immer genügend Zeit für die Endproduktion ein. Jede Projektphase benötigt Pufferzeit. Auch nach dem eigentlichen Abschluß der Programmierarbeiten folgen verschiedene Produktionsschritte, die exakt geplant werden müssen. Für die Vervielfältigung einer Diskette oder CD-ROM sollten Sie mindestens eine Woche Produktionszeit einplanen. Lassen Sie sich die Produktionstermine schriftlich bestätigen und bereiten Sie bereits alle nötigen Materialien wie z.B. Druckfilme für die Verpackung, Presseberichte, Presse- und Vorführtermine vor.

Lassen Sie sich bei der Terminplanung von Ihrem Dienstleister unterstützen. Er kennt die genauen Zeiten für die Medienproduktion und die Programmierphasen. Lassen Sie sich einen detaillierten Projektplan erstellen. Nützen Sie dieses Konzept für Ihre internen Planungen. Stimmen Sie Ihre Aktivitäten darauf ab und halten sie entsprechende Ressourcen dafür frei. So wie die Verwendung eines Terminplans für die Durchführung eines Multimedia-Projektes zwingend ist, so sind natürlich auch die gesetzten Termine und Fristen der verschiedenen Projektphasen einzuhalten. Wichtige Terminverschiebungen müssen Sie sofort in den Projektplan einarbeiten.

> ☑ **Kurztip:**
> **Erarbeiten Sie mit Ihrem Dienstleister einen detaillierten Terminplan – Überprüfen Sie Ihre Termine stets und arbeiten Sie diese in den Projektplan ein – Denken Sie an genügend Pufferzeit – Terminänderungen müssen schriftlich mitgeteilt werden.**

TIP 43 *Halten Sie Phasen, Abmachungen und Änderungen schriftlich fest*

Pflichtenheft und Vertrag sind feste Bestandteile eines Multimedia-Projektes. Doch auch für Änderungen, Bestätigungen, Materialanforderungen oder Terminverschiebungen ist die schriftliche Form unerläßlich. Sie dient in erster Linie einer lückenlosen Dokumentation des Projektfortganges und als Diskussionsgrundlage für spätere Gespräche bezüglich des Projektverlaufs. Denn Abmachungen, die über das Telefon getroffen werden, sind nicht für *alle* Projektbeteiligten nachvollziehbar. Legen Sie daher jeden Schriftverkehr sorgfältig ab. Die Projektablage ist zugleich Anlaufstelle für alle am Projekt Beteiligten. Nur eine Kopie sollte der zuständigen Person ausgehändigt werden. Sammeln Sie die Unterlagen an einem zentralen Ort. Heften Sie auch ein Faxjournal zu Ihren Unterlagen. Finden Sie für Ihr Projekt ein geeignetes Ablagesystem. Unterteilen Sie Ihre Ablage z.B. in Programmierung, Medien, Projektplan, Konzept etc.

Schriftliche Abmachungen und Mitteilungen lassen sich auf verschiedenen Wegen zustellen. In der Regel nutzen Sie das Faxgerät. Doch auch über das Internet läßt sich der Schriftverkehr einfach regeln. Haben Sie Zugang zum Netz und sind Sie innerhalb der Firma auch über ein E-Mail-System verbunden, können Sie die eingegangenen Mitteilungen direkt an die entsprechende Person zusenden, sofort bearbeiten und eine Antwort weiterleiten. Die Empfangsbestätigung erhält der Absender sofort, wenn Sie Ihr Mail abgeholt haben. Ist Ihr Netzwerk nicht über eine Standleitung an das Internet angebunden, können Sie das Abrufen der elektronischen Post z.B. so automatisieren, daß Ihr Postfach auf dem externen Server in einem bestimmten Zeitintervall gesichtet und geleert wird.

Ein weiterer Vorteil ist die Möglichkeit, benötigte Daten gleich als Datei an das E-Mail anzufügen und dem Adressaten direkt zukommen zu lassen. Nutzen Sie die Chance der papierlosen Kommunikation. Legen Sie dennoch alle ein- und ausgehenden E-Mails in ein eigenes elektronisches Ablagesystem ab. Sichern Sie diese Daten zusätzlich auf externen Datenträgern.

☑ **Kurztip:**
Sammeln Sie jede Unterlage zum Projekt und archivieren Sie diese.

TIP 44 *Schriftliche Freigaben - das „A" und „O" jeder Projektphase*

Prinzipiell sollten Sie jedes Layout, jeden Text, jedes Programmodul und jede Projektphase im Test und als Abschluß einzeln schriftlich freigeben.

Hier einige *Freigabekriterien* unterschiedlicher Projektphasen:
- Fertige Bildschirm-Layouts werden von Ihnen geprüft und zur Einbindung in das Programm freigegeben
- Video- und Tondateien müssen auf Ihre Qualität hin überprüft werden
- Datenbankzugriffe sollen anhand ihrer Zugriffsgeschwindigkeit mit realem Datenmaterial getestet und freigegeben werden
- Das Installationsprogramm wird auf Vollständigkeit und Plausibilität hin getestet und ebenfalls freigegeben
- Texte im Programm und Texte, die für den Ausdruck bestimmt sind, werden nach Layout, Inhalt und Schreibfehlern überprüft
- Beta-Tests werden durchgeführt, alle gefundenen Fehler schriftlich festgehalten und anschließende Fehlerbeseitigungen werden erneut kontrolliert und schriftlich freigegeben
- Die Verpackung, das Layout für Verpackung, Booklet und Datenträgeraufdruck (Label) werden anhand von Mustern oder ersten Farbandrucken (Proofs) begutachtet und für die Produktion freigegeben.

Streben Sie es an, möglichst viel über schriftliche Freigaben zu koordinieren. Legen Sie die Freigaben gesondert ab. Vereinbaren Sie mit Ihrem Dienstleister ein einheitliches Freigabeformular. Änderungen an bereits freigegebenen Projektabschnitten und Medien müssen unter Umständen gesondert berechnet werden. Holen Sie dann immer einen Kostenvoranschlag ein.

> ☑ **Kurztip:**
> **Geben Sie grundsätzlich nur schriftlich etwas frei – Lassen Sie freizugebendes Material von mehreren Personen und auf verschiedenen Rechnersystemen noch einmal überprüfen – Schriftliche Freigaben sind zugleich Bestätigungen einer Vertragserfüllung.**

TIP 45 Was ist ein Projektvertrag?

Der Software-Projektvertrag oder auch Software-Entwicklungsvertrag dient in erster Linie dazu, die Vertragsmodalitäten festzuhalten. Technische und inhaltliche Regelungen zum Produkt stehen dabei im Pflichtenheft, welches fester Bestandteil des Projektes ist und im Vertrag genannt wird. Gestalten Sie Ihren Projektvertrag nicht zu lang und vermeiden Sie unverständliche Formulierungen.

Folgende Punkte sollten in Ihrem Projektvertrag vorhanden sein:
- Firma des Auftraggebers und Auftragnehmers mit den jeweils zeichnungsberechtigten Vertretern
- Vertragsgegenstand in Form von Projekt- bzw. Produktnamen mit Kurzbeschreibung und Betriebssystemanforderung
- Projektstart und Endtermin für das fertige Produkt
- Lieferumfang des Endprodukts und Anzahl der freien Test-CD-ROMs
- Beschreibung der Einzelleistungen des Auftragnehmers (z.B. ScreenDesign, Programmierung, Verpackungslayout, Drehbuch, Texten von Hilfetexten, Installationsanweisung, Video- und Tondigitalisierung etc.)
- Hinweis auf die Entwicklung eines Pflichtenheft durch den Dienstleister unter Mitwirkung des Auftraggebers mit ausführlicher Projekt- und Produktbeschreibung
- Anzahl der im Preis enthaltenen Projekttreffen und eine Regelung der Reisekosten- und Kostenübernahme von Kurierdiensten
- Festlegung der Termine für die Abgabe der verschiedenen Produkt-Testversionen (Alpha, Beta I, Beta II etc.)
- Festlegung der Termine für Datenlieferung: Material zum Dienstleister mit Endtermin und Bearbeitung beim Dienstleister mit Endtermin
- Unterstützung bei Programmtests durch den Auftraggeber
- Gewährleistungsvereinbarungen und Garantie der Übergabe von fehler- und virenfreier Software zum vereinbarten Termin
- Eventuelle Hotlineregelungen und Konkurrenzausschlußklausel
- Vereinbarte Projektsumme mit Zahlungsmodalitäten nach Projektphasen
- Abtretung der Rechte und Ausschluß von Rechtsverletzungen Dritter
- Aushändigung eines dokumentieren Quellcodes (Sourcecode)

TIP 46 *Die Dokumentation und der Quellcode*

Softwareprogramme werden zunächst in einer beliebigen Programmiersprache geschrieben und mit Hilfe eines sogenannten Compiler anschließend zu einer lauffähigen Programmdatei und den dazu benötigten Zusatzmodulen umgewandelt. Der zuvor für die Programmodule entwickelte Programmcode und das Komplettprogramm sollten ausführlich von Ihrem Dienstleister dokumentiert werden. In der Regel wird sich an diesem Programm kein neuer Entwickler einarbeiten müssen, dennoch müssen einzelne Programmfunktionen anhand einer Programmdokumentation beschrieben und für einen externen Programmierer jederzeit nachvollziehbar sein.

Lassen Sie sich zum Projektabschluß eine Programmdokumentation aushändigen. Zwar werden meist bereits im Programmcode die verschiedenen Module, Bezüge zueinander und Funktionen beschrieben, so daß die einzelnen Programmschritte daraus ersichtlich sind. Dennoch sollte das Programmkonzept klar aus dieser Dokumentation hervorgehen. Sie kann auch als Teil des Pflichtenhefts deklariert werden. Lassen Sie sich zum Projektabschluß auch den *Quellcode, also das noch unkompilierte Datenmaterial* aushändigen. Regeln Sie im Projektvertrag zudem, ob bestimmte Module aus Ihrem Programm für neue Projekte verwendet werden dürfen. Sie können dies zwar ausdrücklich untersagen, doch wird es Ihnen sehr schwer fallen, diese Komponenten in einem anderen Produkt nachzuweisen. Wichtig ist deshalb vor allem, daß Ihr Programmkonzept (z.B. ein Freischaltungsschlüssel für das Programm) und das Layout der Bildschirme nicht für eine weiteres Projekt, vielleicht für ein Konkurrenzunternehmen, Verwendung finden. Lassen Sie sich dies garantieren.

> ☑ **Kurztip:**
> Lassen Sie sich Quellcode und die zugehörige Dokumentation bei Projektabschluß aushändigen – Bestehen Sie auf einer ausführliche Programmbeschreibung – Schließen Sie mit Hilfe einer Konkurrenzklausel die Wiederverwendung Ihres Programmkonzepts sowie der Programmstruktur und von Sondermodulen aus.

TIP 47 *Das richtige Entwicklungswerkzeug*

 Verschiedene Komponenten müssen bei der Auswahl des richtigen Entwicklungswerkzeuges beachtet werden. Meist wird Ihnen Ihr Dienstleister das Entwicklungswerkzeug empfehlen, mit dem er die besten und meisten Erfahrungen gemacht hat. Eventuell besitzt Ihr Dienstleister bereits fertige Module.

Zwei Kategorien von Entwicklungswerkzeugen sind zu unterscheiden:
- Autorensysteme:
  Autorensysteme eignen sich besonders für die Entwicklung einfacher und schnell zu realisierender Programme, z.b. für Produkt- und Firmenpräsentationen, aber auch für Lernprogramme. Innerhalb kürzester Zeit lassen sich vorzeigbare Ergebnisse erzielen. Geschwindigkeitsverhalten, die zusätzliche Installation von Runtime-Versionen[13] und Lizenzauflagen machen die Entwicklungswerkzeug allerdings nicht für jedes Projekt bedenkenlos einsetzbar. Auch bei der Anbindung an Datenbanken zeigen diese Werkzeuge oft unterschiedliches Verhalten. Lassen Sie sich adäquate Beispiele zeigen, bevor Sie sich für die Entwicklung mit einem Autorensystem entscheiden. Beispiele: Toolbook, Director, Icon Author.
- Programmiersprachen:
  Der Vorteil der Programmiersprachen liegt darin, daß sie völlig offen nach außen sind und daß das Endprodukt aus einer kompilierten Datei besteht. Datenbankanbindungen und die Entwicklung von eigenen Programmodulen sind zusätzliche Vorteile. Im günstigsten Fall wird Ihnen eine einzige EXE-Datei erstellt, die das gesamte Programm enthält. Andere Werkzeuge benötigen zusätzliche Dateien wie DDLs, VBXs oder sogenannte Activ-X Controls, die zusätzlich mit der Programmdatei auf dem Rechner installiert werden müssen. Lassen Sie sich von Ihrem Dienstleister beraten und wählen Sie, wenn möglich, die einfachste Variante einer Programmdatei. Beispiele: Delphi, Visual C++, Visual Basic.

> ☑ **Kurztip:**
> Lassen Sie sich Beispiele von Entwicklungswerkzeugen zeigen – Achten Sie auf das Geschwindigkeitsverhalten – Lassen Sie sich Empfehlungen geben.

---

[13] Damit lassen sich die entwickelten Programme und Medien nutzen, z.B. ein Video-Player

TIP 48 *Denken Sie an ein Update?*

Software ist leider sehr kurzlebig. Was Sie heute realisieren, ist bereits einige Monate darauf nicht mehr auf dem neusten Stand der Technik und daher nicht mehr aktuell. Deshalb sollten Sie für Ihr Multimedia-Produkt eine Folgeversion planen und dieser Absicht auch kundtun.

Im Internet können Sie stündlich Ihre neuesten Produkte, Pressemitteilungen und Preislisten aktualisieren. Im Netz sind Sie also sehr flexibel und können Ihren Kunden ständig den aktuellen Informationsstand präsentieren. Bei Disketten und CD-ROM ist dies hingegen nicht möglich. Deshalb sollten sie diese Produkte langfristig planen und unmittelbar zu aktualisierende Informationen nicht integrieren. Hier bietet sich etwa eine Kombination von on- und offline an.

Planen Sie dennoch ein Update, sollten Sie das ursprüngliche Produkt der ersten Version in seiner Grundstruktur belassen. *Vermeiden Sie ein sogenanntes Redesign*, indem Sie das Produkt komplett umstellen. Fast immer kommt dies einer Neuproduktion gleich. Fügen Sie lediglich zusätzliche Funktionen mit neuen Informationen ein und aktualisieren Sie Ihre Texte und Bilder.

Ihr erstes Multimedia-Projekt sollte bereits mit einer *Versionsnummer* versehen sein, wenn Sie ein Update planen. Signalisieren Sie dem Kunden damit, daß Sie an der Weiterentwicklung und ständigen Verbesserung Ihres Titels arbeiten. Binden Sie die Versionsnummer unter dem *Impressum,* gegebenenfalls auch in das Programm ein.

> ☑ **Kurztip:**
> **Versehen Sie Ihr Produkt mit einer Versionsnummer – Integrieren Sie bei einem Update nur einige Neuerungen und aktualisieren Sie Texte und Bilder – Vermeiden Sie ein Redesign.**

TIP 49 *Welche Daten lassen sich gut weiterverarbeiten?*

Multimedia lebt von der Einbindung verschiedenster Medien ins Programm. Doch alle Medien müssen dazu in digitaler Form vorhanden sein. Der Weg vom analogen zum digitalen Medium ist oftmals mit Hürden verbunden; die Qualität des Ausgangsmaterials spiegelt sich im digitalen Ergebnis wider. Je hochwertiger Ihr geliefertes Material, desto einfacher ist die Verarbeitung. Versuchen Sie, Ihren Dienstleister dabei so gut wie möglich zu unterstützen.

Hier einige *Vorschläge* für die einfache Verarbeitung der analogen Medien, die ein gutes digitales Ergebnis mit sich bringen:

- Nur qualitativ hochwertige Bilder als Scanvorlage benutzen; bereits stark gerasterte Bilder erzielen unbrauchbare Ergebnisse; schlechte Vorlagen fordern unnötige Retuschierarbeiten; Dias und Negative auf Foto-CD umsetzen lassen; diese Bilder lassen sich unproblematisch weiterverarbeiten; kleine Logos und Schriftzüge müssen oftmals nachbearbeitet werden.
- Videoaufzeichnungen für die Digitalisierung im S-VHS, Betacam oder Hi8-Format liefern; VHS-Qualität ist nicht ausreichend, wenn Sie ein vernünftiges digitales Video erhalten möchten.
- Tonaufnahmen wenn möglich in Stereo auf DAT-Bändern oder auf CD erstellen und in dieser Form auch für die Digitalisierung liefern.
- Bereits vorhandenes digitales Bildmaterial mit 24 Bit Farbtiefe als TIFF[14] oder Vektorgrafik[15] zur Weiterverarbeitung geben.
- Texte sollten bereits digital geliefert werden; diese werden direkt in das Produkt eingearbeitet; Sie vermeiden so unnötige Korrekturarbeit.

☑ Kurztip:
Achten Sie bei Lieferung analoger und digitaler Medien zu Ihrem Dienstleister auf hohe Qualität – Kontrollieren Sie alle in das Programm einzubindenden digitalen Ergebnisse sorgfältig vor der schriftlichen Freigabe.

---

[14] Tagget Image File Format: Datenformat für Grafikdateien.
[15] Die Bilddaten werden nicht als einzelne Punkte abgelegt, sondern die einzelnen Objekte werden als Vektoren gespeichert. Dadurch bleibt die Grafik frei skalierbar.

TIP 50 *Wie erfolgt die Datenlieferung zum und vom Dienstleister?*

Zwischen Auftraggeber und Dienstleister herrscht während der Projektdurchführung ein *reger Austausch von Informationen* in analoger und digitaler Form. Verschiedene Möglichkeiten zum Datenaustausch stehen Ihnen zur Verfügung. Die eleganteste Weise bei digitalen Daten ist der Austausch über eine direkte ISDN-Verbindung. Doch oftmals sind die Datenmengen so groß und das Risiko einer Übermittlungsunterbrechung zu hoch, daß Sie besser auf konventionelle Datenträger zurückgreifen sollten. Ein gut *funktionierender Datenaustausch* ohne Kompatibilitätsprobleme trägt zu einem reibungslosen Projektverlauf bei.

Hier einige *Tips* für einen erfolgreichen Medienaustausch:
- Benutzen Sie immer einen Kurierdienst für die direkte Zusendung von Datenträgern und anderen wichtigen Materialien.
- Haben Sie die Möglichkeit, Daten auf ein CD-ROM zu brennen, nutzen Sie dieses Medium. Ihr Vorteil: hohe Speicherkapazität und keine Kompatibilitätsprobleme. Rohlinge für das Brennen erhalten Sie bereits unter 8,- DM.
- Syquest als Datenträger eignen sich ebenfalls für den Austausch von digitalem Datenmaterial. Besonders Werbeagenturen nützen dieses Medium. Achten Sie hierbei auf die unterschiedlichen Größen von 80 Megabyte und 270 Megabyte und darauf, daß Ihr Dienstleister diese Medien auch lesen kann.
- Nutzen Sie ein ZIP-Laufwerk, 100 Megabyte passen auf ein Medium. Ihr Vorteil: Das Laufwerk ist mobil und kann an jeden PC direkt über die parallele Schnittstelle oder einen SCSI-Anschluß angesprochen werden.
- Für schnelle und direkte Datenübertragung empfiehlt sich ein ISDN-Anschluß mit einer ISDN-Karte für den PC.
- Wechselfestplatten oder SCSI-Festplatten eignen sich aufgrund der Gefahr von Datenbeschädigungen weniger zum ständigen Transport.
- Senden Sie kleinere Datenmengen über das Internet oder einen anderen Online-Dienst, falls Sie dafür keine direkte Verbindung aufnehmen möchten.

TIP 51 *Abrechnungssätze der verschiedenen Medien*

 Zu erstellende oder zu bearbeitende Medien werden nach einem festen Satz abgerechnet. Ihr Dienstleister hat diese Sätze bereits in seinen Projektkostenvoranschlag einfließen lassen oder teilt Ihnen die Preise einzeln mit. Holen Sie stets Preise bei anderen Unternehmen ein. Als zusätzliche Hilfe dienen der jährlich erscheinende Honorarleitfaden des HighText-Verlages oder Kostenmodelle, die in Multimedia-Fachzeitschriften veröffentlicht werden.

Hier einige *Orientierungshilfen:*
- **Videodigitalisierung:** Die Berechnung erfolgt nach zu digitalisierenden Sekunden und nach einer einmaligen Einrichtungsgebühr für den Diiitalisierungsplatz. Unterscheiden Sie zwischen Videodigitalisierung im Quicktime-, Video für Windows- und Cinepack-Format im Gegensatz zum MPEG- und MJPEG-Format, das eine Abspielhardware voraussetzt.
- **Videoschnitt:** Videoschnitt wird meist nach Aufwand zu einem Festpreis oder zu einem Stundenpreis berechnet. Der Videoschnitt erfolgt bereits mit dem digitalisierten Datenmaterial.
- **Tondigitalisierung:** Die Berechnung erfolgt ebenfalls nach zu digitalisierenden Sekunden.
- **Bildbearbeitung und Scans:** Aufwendige Nachbearbeitungen erfolgen zum Stundenpreis, Scans werden zum Stückpreis inklusive Bildnachbearbeitung angeboten. Der Stückpreis ist stark abhängig von der Qualität Ihres Ausgangsmaterials.
- **Animationen:** Sie werden in der Regel zu einem fest vereinbarten Preis entwickelt. Je aufwendiger die Animation, desto höher der Preis. Unterscheiden Sie zwischen 2-D und 3-D-Animationen. Eine Berechnung zum Sekundenpreis ist hier nicht üblich. Überblendeffekte von einer zu anderen Bildschirmseiten werden nicht als Animation verstanden.
- **Tonstudioaufnahmen:** Sie werden zu Tagessätzen berechnet. Darin enthalten sind Tontechniker und das zur Verfügung stehende Equipment. Sprecher werden nach Stundensätzen abgerechnet.
- **Videoaufnahmen:** Sie werden ebenfalls nach Tagessätzen berechnet. Darin enthalten sind das Filmteam, Technik und das benötigte Filmmaterial für das Drehen. Die benötigten Schauspieler werden pauschal oder nach Stundensätzen abgerechnet.

TIP 52 Was Sie über digitales Video wissen sollten

 Digitales Video läßt sich generell in unterschiedlichen Größen und Qualitätsstufen erstellen. Die Qualität ist zudem vom Ausgangsmaterial abhängig. Generell müssen Sie zwei Arten von digitalem Video unterscheiden:

- **Digitales Video ohne Hardwareunterstützung**

Für die Digitalisierung des Videomaterials wird eine spezielle Hardware, eine sogenannte Framegrabber-Karte, benötig. Das digitalisierte Video wird anschließend mit Hilfe verschiedener Software-Algorhytmen so komprimiert, daß Sie am Ende für eine Videosequenz von einer Minute ungefähr neun Megabyte Speicherkapazität benötigen. Unterschieden wird hierbei das sogenannte Video für Windows- vom Quicktime-Format. Das Quicktime-Format ist zwingend notwendig bei der Entwicklung von hybriden Anwendungen (⇒siehe Tip 8 und 9). Für die Komprimierung und Dekomprimierung wiederum werden verschiedene Komprimierungscodecs zur Verfügung gestellt (z.B. Cinepack, Video 1.0) Die fertiggestellten Software-Videos benötigen zum Abspielen allerdings die entsprechenden Treiber, die von Microsoft und Apple kostenlos zur Verfügung gestellt werden und auf Ihrer CD-ROM für die Installation vorhanden sein müssen. So kann jeder Anwender diese Videos auf seinem Multimedia-PC/Mac betrachten.

Achten Sie bei der Komprimierung auf gute Qualität. Testen Sie die verschiedenen Qualitätsstufen der jeweiligen Komprimierungscodecs. Achten Sie auf eine Datendurchsatzrate von 150 Kilobyte bis maximal 250 Kilobyte mit einer Bildwiederholfrequenz von 15-25 Bildern in der Sekunde. Damit kommen auch Anwender mit einem CD-ROM-Laufwerk mit Double-Speed gut zurecht und können Softwarevideo betrachten. Achten Sie außerdem darauf, daß alle Video- und Tonsequenzen mit gleicher Tonqualität und Lautstärke aufgenommen wurden.

- **Digitales Video mit Hardwareunterstützung**

Hardwareunterstütztes Video hat eine sehr gute Bildqualität, kann im Vollbild dargestellt werden, eignet sich aber nicht für die Produktion eines Multimedia-Titels, der sich an einen breiten Kundenkreis richtet. Die dafür eigens benötigten MPEG- oder MJPEG-Karten haben bislang keine große Marktdurchdringung erfahren. Es wird noch einige Zeit dauern, bis der Chip, der für die Entkomprimierung verantwortlich ist, standardmäßig auf die Mutterplatine eines Rechners gesetzt wird.

Doch eignet sich hardwareunterstützter Videoeinsatz gut für POI- und POS-Systeme[16]. Möchten Sie Ihr Produkt zusätzlich auf einer Messe oder bei Vorträgen präsentieren, so lassen Sie die Videofilme im MPEG- oder MJPEG-Format[17] digitalisieren und eine Sonderauflage für Ihren eigenen Gebrauch brennen. Programmtechnisch ist die Einbindung dieses Videoformates ein minimaler Aufwand.

☑ **Kurztip:**
Achten Sie bei der Videokomprimierung auf gute Endergebnisse – Lassen Sie sich verschiedene Software-Komprimierungen zeigen – Liefern Sie benötigte Videotreiber mit ihrer CD-ROM aus und integrieren Sie diese in Ihre Installation – Verwenden Sie hardwareunterstütztes Videoformat nur für POI- und POS-Systeme.

---

[16] POI steht für Point of Information, POS für Point of Sales. POI- und POS-Systeme sind Computer-Terminals, die in Eingangshallen, Kaufläden oder anderen stark frequentierten Bereichen plaziert werden. Der Besucher kann sich dort informieren und/oder direkte Bestellungen vornehmen. Beispiel: Bahnauskunft mit Kartenverkauf.

[17] Videokompressionsstandard

TIP 53 *Datenbanken richtig einsetzen*

Datenbanken lassen sich auch bei Multimedia-Anwendungen nutzen. Besonders bei umfangreichen Nachschlagewerken, Produktkatalogen oder Lernprogrammen lassen sie sich sinnvoll einsetzen. Oftmals können im Unternehmen bereits gesammelten Daten ohne großen Aufwand übernommen und für das geplante Multimedia-Produkt verwendet werden.

Sprechen Sie mit Ihrem Dienstleister die Anforderungen für die benötigten Daten durch. Lassen Sie sich dann ein auf Sie zugeschriebenes *Datenbankkonzept* und *-design* entwickeln. Exportieren Sie Ihre Daten in das gewünschte Datenbankformat und stellen Sie die Daten für das Produkt zur Verfügung. Verknüpfungen zu eventuell später einzublendenden Bildern und zusätzliche Textinformationen, die im Produkt mit angezeigt werden sollen, können von Ihnen auch direkt in die Datenbank aufgenommen werden. Lassen Sie sich von Ihrem Dienstleister zu diesem Zweck ein kleines *Erfassungsmodul* erstellen. Die genaue Nomenklatur und Kennzeichnung der Datensätze, zum Beispiel für das Auffinden der richtigen Textstelle oder den Sprung über einen Hyperlink zu einer anderen Bildschirmseite, wird Ihnen Ihr Dienstleister vorgeben. Achten Sie bei der Datenbankerfassung auf *Genauigkeit* und *redaktionelle Sorgfalt*. Programmfehlverhalten muß später umständlich nachvollzogen werden, wenn eventuelle Querverweise innerhalb der Datenbank falsch gesetzt wurden. Können Sie die Datenbank nicht selbst in Ihrem Unternehmen erstellen bzw. ergänzen lassen, beauftragen Sie das Multimedia-Unternehmen mit dieser Aufgabe oder einen zusätzlichen Dienstleister.

Die von Ihnen exportierte und modifizierte Datenbank kann in der Regel auch als Ausgangsmaterial für eine Online-Anwendung verwendet werden. Sprechen Sie mit Ihrem Entwickler, ob diese Möglichkeit auch für eine zusätzliche Internet-Anbindung besteht. Aktualisieren Sie Ihre Datenbank und binden Sie stets die aktuellen Daten in Ihre Anwendung ein.

> ☑ Kurztip:
> Greifen Sie auf bestehende Daten im Unternehmen zurück – Lassen Sie sich ein Datenbankkonzept und ein Erfassungsmodul vom Entwickler erstellen – Fragen Sie zusätzlich nach Online-Möglichkeiten.

TIP 54 *Geschwindigkeit ist keine Hexerei*

Ein wichtiges Kriterium für ein gutes Multimedia-Produkt ist neben einer gelungenen thematischen Umsetzung und der Gestaltung stets das Geschwindigkeitsverhalten bei den Interaktionen. Geschwindigkeit läßt sich bereits bei der Entwicklung durch Faktoren wie Speicherverwaltung, Bildschirmaufbau und Datenverwaltung beeinflussen. Je durchdachter ein Produkt konzipiert wird, desto besser sollte auch sein Geschwindigkeitsverhalten sein.

Lassen Sie Ihren Kunden nicht zu lange auf ein sichtbares Ergebnis am Bildschirm warten. Klären Sie Zugriffs- und Suchverhalten mit Ihrem Dienstleister vorher ab. Argumentieren Sie mit *akzeptablen Wartezeiten* unter drei Sekunden. Lassen Sie sich nicht auf eine Diskussion um Datenmengen, die durchsucht werden müssen, ein. Testen Sie zusammen mit Ihrem Entwickler das *Geschwindigkeitsverhalten* an adäquaten Daten. Datenmengen lassen sich einfach *simulieren*.

Je länger Ihr Kunde auf die Antwort am Bildschirm warten muß, desto eher besteht die Gefahr ein, daß Ihr Produkt nicht weiter betrachtet wird. Besonders bei Multimedia-Produkten, die als reines Marketing-Instrument, also zur Eigenwerbung oder zur Bestellung von den auf der CD-ROM präsentierten Produkten verwendet werden, erfahren Sie bei schlechtem Geschwindigkeitsverhalten schnell eine Ablehnung. Nahezu untragbar wird dies, wenn Sie ein reines Präsentationsprogramm auf Messen einsetzen möchten und der Präsentationsfluß durch *unnötige Wartezeiten* ständig unterbrochen wird. Auch bei Lehr- und Lernprogrammen müssen Sie unbedingt darauf achten, daß Bildschirmwechsel und Antworten auf Eingaben schnell erfolgen. Klären Sie mit Ihrem Dienstleister die *minimalen Hard- und Softwareanforderungen* für Ihr geplantes Projekt. Suchen Sie im Vorfeld nach Produkten, die Ihren Ansprüchen im Geschwindigkeitsverhalten entsprechen, und präsentieren Sie diese bei den ersten Treffen Ihren Entwicklern.

☑ **Kurztip:**
Lassen Sie Ihren Kunden am Bildschirm nicht warten – Klären Sie die Anforderungen an die Programmgeschwindigkeit im Vorfeld – Setzen Sie Standards – Testen Sie den Datenzugriff mit echten Datenmengen.

TIP 55 *Legen Sie Ihr persönliches ScreenDesign fest*

Multimedia-Produkte leben von Inhalten und von einem gut durchdachten und zielgruppenorientierten ScreenDesign. Nichts ist schrecklicher als eine farbenfrohe Bildschirmgestaltung, aus der weder Information noch Navigation ersichtlich wird oder aus der einem der nichtssagende Bildschirm entgegensieht.

Lassen Sie sich deshalb verschiedene Designvorschläge vom ScreenDesigner entwickeln. Betrachten Sie diese Vorschläge als Grafik am Monitor im Vollbild und nicht als Ausdruck. Geben Sie dem ScreenDesigner im Vorfeld wichtige Informationen über Ihre Produktzielsetzung, die Aussagen Ihres Produktes und Ihrer Firma. Klären Sie mit ihm zusätzlich den Adressatenkreis. Schlagworte wie *trendy, konservativ, funktional, schlicht, eindeutig, farbennavigierend, animiert, selbsterklärend, entdeckend, repräsentativ, eindeutig, klar, zielgruppenorientiert, witzig, verspielt etc.* sollten bei der Kriterienfindung Ihres ScreenDesigns angesprochen werden.

Diese Kriterien helfen Ihnen und dem Grafiker sowohl bei der Gestaltung Ihres persönlichen Layouts für Verpackung und ScreenDesign als auch für die zu erstellenden Texte. Denken Sie auch an die bislang von Ihrem Unternehmen verfolgte CI (Corporate Identity). Behalten Sie ebenfalls die verschiedenen Nutzertypen im Auge. Geben Sie dem *visuell orientierten* Nutzer etwas für das Auge, feine Strukturen und Details, dem *haptisch* oder *kinästhetisch orientierten* Kunden eher konkretes und grobes Material und dem *audio orientierten* Betrachter wichtige Hinweise für zuschaltbare Audiotexte. Testen Sie erste ScreenDesigns an nicht am Projekt beteiligten Personen. Sammeln Sie Eindrücke und lassen Sie diese in ein Redesign einfließen. Der Kunde muß Ihr Unternehmen im Produkt wiederfinden können.

> ☑ **Kurztip:**
> **Gestalten Sie Ihr Produkt so, daß sich Ihre Unternehmensaussagen im ScreenDesign wiederfinden – Lassen Sie sich verschiedene Vorschläge unterbreiten – Betrachten Sie die Designs am Bildschirm – Helfen Sie Ihrem ScreenDesigner bei der Layoutdefinition – Vermeiden Sie Abweichungen vom festgelegten ScreenDesign innerhalb Ihrer Multimedia-Anwendung – Berücksichtigen Sie verschiedene Anwendertypen.**

TIP 56 *Scribbles helfen Ihnen bei der Layoutfindung*

Selbstverständlich wird der ScreenDesigner nicht gleich zu Anfang mit fertigen Layouts auf Sie zukommen. Anhand verschiedener Kriterien entwickeln Sie mit ihm im gemeinsamen Gespräch Ihr individuelles ScreenDesign (⇒siehe Tip 55). Für den groben Aufbau der Bildschirmseiten und die richtige Layoutfindung arbeiten viele Agenturen und Designer von Multimedia-Dienstleistern mit sogenannten Scribbles.

Der Grafiker entwickelt dabei erste Layoutentwürfe auf dem Papier. Er spricht mit Ihnen den gewünschten Aufbau durch und integriert bereits verschiedene Elemente wie Navigationsschaltfläche und Plazierung von Text und Videofenstern. Die einzelnen Elemente bekommen dabei feste Positionen für die spätere Einbindung zugewiesen. Wichtig ist hierbei eine einheitliche und kontinuierliche Gestaltung, die gewissen Gesetzmäßigkeiten folgt (⇒siehe ab Tip 57). Unterschiedliche Einblendungen von Text, Video und Animation an verschiedenen Positionen verwirren den Betrachter eher. Die gefundenen Grundlayouts werden dann in erste Grafik umgesetzt und in verschiedenen Versionen präsentiert.

> ☑ **Kurztip:**
> Arbeiten Sie bei der Entwicklung von Layouts immer mit Skizzen, sogenannten Scribbles – Scribbeln Sie sich verschiedene Varianten der Bildschirmoberflächen auf – Finden Sie mit Hilfe von Scribbles das richtige Grundlayout.

Abb. 6: *Beispiel für ein Scribble*

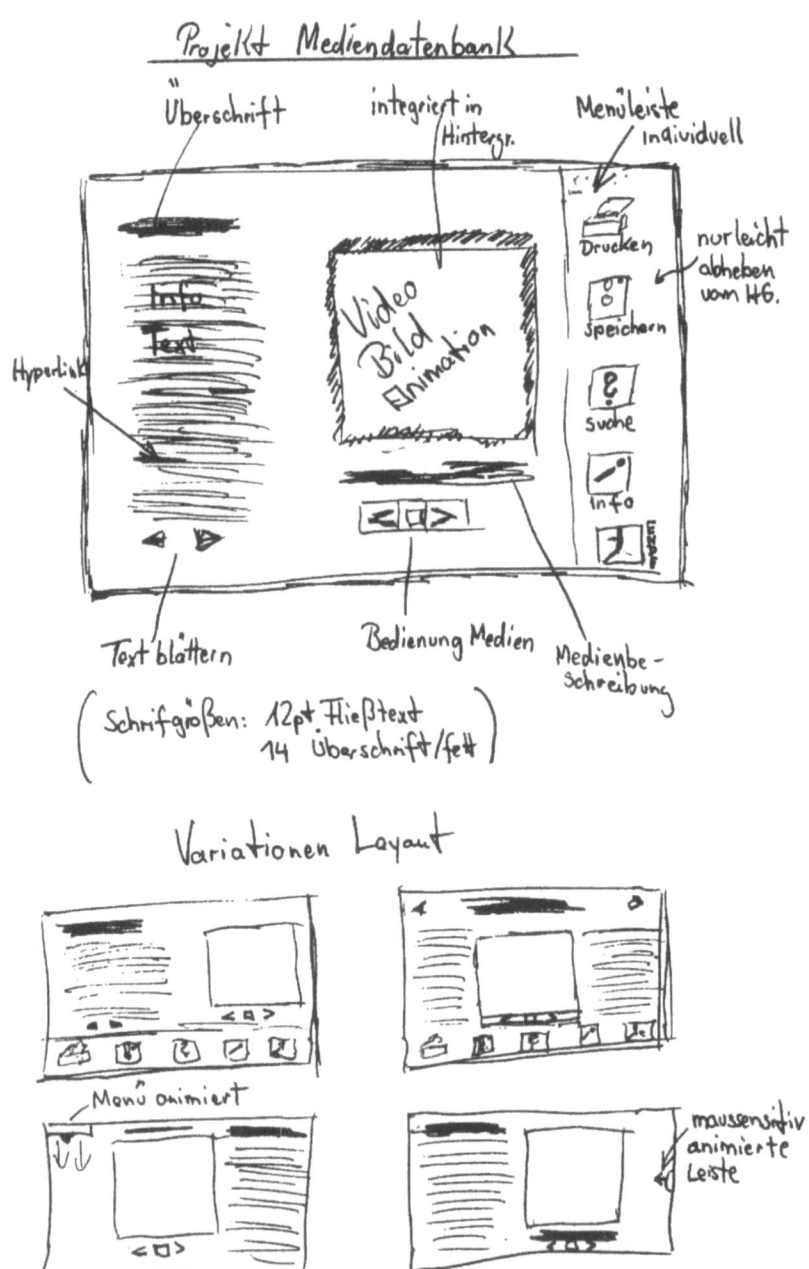

TIP 57 *Achten Sie bei Ihrem Produkt auf eine gute Grafik- und Bildschirmgestaltung*

Lieblos entworfene ScreenLayouts und nichtansprechende Grafiken sind keine Basis eines kundenorientierten Multimedia-Produktes. Qualität und die Liebe zum Detail kennzeichnen ein durchdacht gestaltetes Layout. Legen Sie auch in Ihrem Programm Wert auf eine sorgfältige Ausgestaltung der Bildschirminhalte und auf Verwendung von Zusatzgrafiken. Gestalten Sie Ihre Benutzerseiten individuell und ansprechend. Vermeiden Sie es, auf fertige Grafiken und Cliparts aus Grafikprogrammen zurückzugreifen. Lassen Sie sich deshalb produktspezifische Grafiken vom Grafiker entwickeln. Grafiken und Layout müssen eine Linie widerspiegeln. Versuchen Sie, sich in dem Ihnen präsentierten Layout wohlzufühlen und denken Sie dabei an Ihre Kunden.

Folgende Kriterien helfen Ihnen bei der Bildschirmgestaltung eines kundenorientierten Multimedia-Produktes. Achten Sie beim Layout auf:
- Einheitliche und sinnvolle Aufteilung der Bildschirminhalte
- Kontinuierliche Darstellung gleicher Inhalte und Elemente
- Eindeutige Unterscheidung von einfacher Grafikeinblendung und Einblendung einer Interaktionsgrafik (eventuell Schaltfläche, sensitiver Grafik- oder Textbereich)
- Einheitliche Hintergrundgestaltung, nach Möglichkeit thematisch differenziert; ruhige, nicht dominierende Hintergründe ($\Rightarrow$siehe Tip 58)
- Realistisch gestaltete Schattenwirkungen
- Eindeutige Grafiken, realistisch oder in einem bestimmten Stil entwickelt, die Ihrer Produkt- oder Firmenphilosophie entsprechen
- Harmonierende Farbverwendungen
- Wiederkehrende Elemente zur Orientierung für den Anwender
- Eindeutige Plazierung der Bedienungselemente
- Leserliche Aufteilung der dargestellten Texte und begrenzte Anzahl der verwendeten Bildschirmschriften ($\Rightarrow$siehe Tip 62).

☑ Kurztip:
Achten Sie auf harmonische und ansprechende Bildschirmgestaltung – Denken Sie stets an eine wiedererkennbare Produkt- und Firmenphilosophie – Lassen Sie Ihren Kunden sich im Produkt wohlfühlen.

TIP 58 *Achten Sie auf einheitliche Benutzeroberflächen*

Unterschiedlich gestaltete Benutzeroberflächen und unterschiedliche *Bedienungselemente* verwirren den Benutzer mehr, als sie ihm nützen. Handelt es sich nicht gerade um ein Fun-Produkt oder eine Adventure-Game, sollte Ihr Kunde keine Zeit damit verbringen müssen zu überlegen, wie er sich im Produkt zurechtfindet oder darin navigieren kann.

Legen Sie einen großen Wert auf *eindeutige Navigationshilfen* und Bedienungselemente. Integrieren Sie *gleiche Bedienungselemente* auf jeder Bildschirmseite. Arbeiten Sie mit einem einheitlichen Navigationskonzept. Der Aufruf von gleichen Funktionen - etwa Video, Ton oder Hilfen - verlangt einheitliche Elemente. Positionieren Sie die Elemente immer an den gleichen Stellen. Halten Sie einen *Bereich* des Bildschirms *für Navigations- und Funktionsschaltflächen* frei. Bedienungselemente können sowohl als Grafik oder sensitiver Textbereich als auch als stilisierte Schalter dargestellt werden. Wichtig ist die *eindeutige Darstellung der Funktion*.

Gestalten Sie *Hintergründe dezent* und *einheitlich*. Variationen mit Farben und Hintergrundmotiven sind nur dann günstig, wenn thematisch ein anderer Bereich gezeigt werden soll. Arbeiten Sie mit einer *thematischen Farbnavigation*. Gleiche Bereiche werden dabei gleichen Farben und Hintergründen zugeordnet. Verwenden Sie nicht zu unruhige Hintergrundmuster. Setzen Sie *visuelle Akzente* beim Inhalt und heben Sie diesen durch Text- und Grafikformatierungen hervor. Vermeiden Sie Farbverläufe. Bilder oder Grafiken als Hintergrund sollten Sie transparent einsetzen und den Vordergrund davon abheben. Richten Sie das *Augenmerk auf das Wesentliche*. Zu stark hervorgehobene Hintergründe und Bedienungselemente lenken von der Information ab. Bringen Sie diese Gestaltungsanforderungen in Ihre ersten Gespräche mit dem Grafiker ein. Oftmals werden wichtige Elemente des *visuellen Marketings* – etwa mit Blick auf Verkaufsunterstützung und Kundenorientierung - bei der Oberflächengestaltung vernachlässigt.

> ☑ **Kurztip:**
> **Gewinnen Sie Ihren Kunden durch einheitliche Gestaltung von Hintergründen und Bedienungselementen – Achten Sie auf Kontinuität.**

TIP 59 *Kreativität contra Benutzerfreundlichkeit*

Die heftigsten Diskussionen in einem Multimedia-Projekt finden meist zwischen den Kreativen und den Marketern statt. Würden Medienpädagogen und Wahrnehmungspsychologen auch noch etwas mitzureden haben, wären die Zielvorgaben für die Gestaltung noch kontroverser und das Chaos perfekt.

Denken Sie deshalb in erster Linie an Ihren Kunden. Gestalten Sie Ihre Grafiken, Oberflächen, Bedienungselemente, Toneinblendungen, Animationen und das gesamte Erscheinungsbild Ihrer CD-ROM oder Ihres Disketten-Prospektes zielgruppenorientiert und nicht am Kunden vorbei. Greifen Sie neue Ideen auf und versuchen Sie, diese in Ihr Produkt zu integrieren, indem Sie es in Einklang mit den gesteckten Zielvorgaben bringen. Lassen Sie sich vom ScreenDesigner Vorschläge unterbreiten.

Achten Sie auf Stimmigkeit und unbedingte Funktionalität. Kein Produkt ist gut, wenn man es nicht mehr bedienen kann. Merken Sie sich den Leitsatz: *Form follows function* oder: *So viel Kreativität wie nötig – so viel Funktionalität wie möglich.* Die Funktionalität steht vor der ästhetischen Empfindung – Denken Sie dabei an den Benutzer, Ihren Kunden.

☑ **Kurztip:**
Lassen Sie in Ihrem Produkt so viel Kreativität wie nötig zu – Denken Sie aber in erster Linie an seine leichte Bedienbarkeit.

TIP 60 *Lassen Sie Ihren Kunden Ihr Produkt entdecken*

Ziel ist es, daß sich Ihr Kunde in Ihrem Produkt schnell zurechtfindet und doch immer wieder neue Entdeckungen machen kann.

Fügen Sie in Ihr Produkt *verschiedene Zusatzbonbons* ein, die neben dem Standardprogramm für Auflockerung und Entdeckungslust sorgen. Trockene Produktkataloge oder -präsentationen lassen sich damit abwechslungsreicher gestalten.

Zu diesen *Möglichkeiten* zählen zum Beispiel:
- Ein zusätzlich eingefügter Bildschirmschoner mit Ihrem Firmenlogo
- Videofilme mit Firmen- und Produktinformationen, die nicht auf jeder Seite aufzurufen sind
- Bildimpressionen mit Musik unterlegt in Form einer Bildershow
- Demoprogramme zum Testen
- Ein Geschicklichkeitsspiel
- Ein Preisrätsel mit versteckten Elementen im Gesamtprogramm
- Durch Zufallsgenerator gesteuerte Animationen im Programm
- Sensitive Grafiken, die auf Mausklick animiert werden
- Animiertes Impressum etc.

Selbstverständlich sollten Sie nicht alle Register auf einmal ziehen. Überlegen Sie zunächst, welche der Möglichkeiten sich besonders gut für Ihr Produkt eignen. Integrieren Sie nicht mehr als drei bis vier dieser Zusatzfunktionen im Programm. Geben Sie den Benutzer die Chance, immer wiederkehrende Elemente - wie zum Beispiel Animationen, Musikuntermalung und Videoeinblendungen - über die Benutzeroptionen ein- und auszuschalten.

TIP 61 Die CI – das „A" und „O" für Ihr Unternehmen und Multimedia-Produkt

Ihre Werbeslogans, Firmensignets oder Produktaussagen wird Ihr Kunde nur dann verinnerlichen, wenn Sie ihm konsequent und oft gleicher Form und mit einheitlichem Erscheinungsbild gegenübertreten. Eine gewisse werbepsychologische Genialität ist diesem Anspruch natürlich hinbeizumischen.

Auch Ihr Multimedia-Produkt sollte die Linie und die Kernaussagen (*mission statements*) ihres Unternehmens widerspiegeln. Dazu gehört auf jeden Fall das ScreenDesign Ihrer Anwendung und ebenfalls die Präsenz Ihres Firmenschriftzuges und/oder Ihres Firmenlogos. Verpackung, CD-ROM und einzelne Seiten innerhalb der Anwendung müssen den Namenszug mit Ihrem Firmensignet beinhalten.

Der Kunde muß Ihr Produkt eindeutig Ihrem Unternehmen zuordnen können. Zeitschriften und Buchverlage bilden dazu auf den Verpackungen den Schriftzug ihrer Zeitschrift oder ein Bild mit Verlagslogo des bekannten Buchtitels ab. Übertragen auch Sie Ihre Unternehmens-CI auf Verpackung und Produkt. Vermeiden Sie einen Stilbruch zwischen Unternehmensphilosophie, Print-Erscheinungsbild und dem digitalen Erscheinungsbild. Bewahren Sie *eine* Linie. Sie schaffen dadurch beim Kunden Unverwechselbarkeit.

Vermeiden Sie dennoch ein zu aufdringliches Erscheinungsbild. Logo und Firmenschriftzug können am Anfang und/oder am Ende des Programmaufrufs und im Impressum erscheinen. Die Gestaltung der einzelnen Seiten sollte sich in etwa Ihren vorherigen Produkten angleichen. Nehmen Sie bei CI-Gestaltungsfragen Ihre Werbeagentur zur Hilfe. Lassen Sie sich Vorschläge unterbreiten und tragen Sie diese Ihrem Multimedia-Unternehmen vor.

☑ **Kurztip:**
Spiegeln Sie die CI Ihres Unternehmens in Ihrem digitalen Produkt wieder – Achten Sie auf ein einheitliches Erscheinungsbild – Schaffen Sie dadurch Vertrauen zum Kunden.

TIP 62 *Nicht jeder Text ist lesbar*

Trend hin oder her – Rave-Design oder Techno-Outfit – Informationen und Botschaften aller Art müssen lesbar sein. Entscheidend ist, was der Kunde in den ersten Sekunden an visuellen und auditiven Informationen aufnehmen kann. Neben Ton, Bildern und Grafik ist die lesbare Textgestaltung äußerst wichtig.

Bildschirmseiten können in dieser Hinsicht keinesfalls mit Printmedien verglichen werden. Sie nehmen deutlich weniger Textinformationen auf als Printseiten und erreichen niemals die Qualität eines Printproduktes. Vermeiden Sie deshalb textliche und grafische Bildschirmüberfrachtungen. Verwenden Sie nicht mehr als zwei verschiedene Schrifttypen oder drei Schriftgrößen auf einer Bildschirmseite. Halten Sie den Text leserlich mit genügend Zeilenabstand und vermeiden Sie Blocksatz im Fließtext. Heben Sie wichtige Aussagen farblich oder typographisch hervor. Setzen Sie künstliche Fixationspunkte, an denen sich das Auge orientieren kann. Lockern Sie längere Texte mit grafischen Elementen auf. Vermeiden Sie es, längere Informationen mit Hilfe einer seitlich angebrachten Rollbalkenleiste (*scrollbar*) darzustellen. Geben Sie hier dem Anwender - anstatt den Text hin- und herzuschieben - die Möglichkeit zu blättern und sich die Seiten animiert ein- und ausblenden zu lassen. Hypertext, der sich in mehreren Ebenen verzweigt, verwirrt nur und sollte generell in Multimedia-Anwendungen vermieden werden. Setzen Sie animierten Text sparsam ein. Unterstützen Sie bei Textanimationen den natürlichen Lesefluß und achten Sie auf die Geschwidigkeit mit der Ihr Text aufgebaut wird.

Gestalten Sie Ihre Texte inhaltlich kurz und prägnant. Versuchen Sie, Kernaussagen auf einer einzigen Seite darzustellen. Vermeiden Sie längere Informationstexte. Lesen am Bildschirm ist nicht mit Lesen auf dem Papier zu vergleichen. Verwenden Sie Schriften, die einheitlich auf jedem Rechner dargestellt werden können. Besondere Schriften müssen lizensiert, gesondert mitgeliefert und installiert werden. Dies gilt nur für die Darstellung von Text und nicht dann, wenn Text als Grafik erscheint.

> ☑ **Kurztip:**
> **Gestalten Sie Ihre Texte abwechslungsreich und knapp – Vermeiden Sie eine Überfrachtung von Schriftarten und -größen – Vermeiden Sie mehrschichtigen Hypertext und seitliche Rollbalkenleisten.**

TIP 63 *Helfen Sie Ihrem Kunden mit eindeutigen Funktionsschaltflächen*

Bereits nach dem ersten Durchforsten einiger Bildschirmseiten sollte Ihr Kunde das Prinzip der Navigation und die dazu benötigten Navigationsschaltflächen finden, verstehen und wiedererkennen. Gestalten Sie die Grafiken der Schaltflächen eindeutig und leicht verständlich. Helfen Sie Ihrem Kunden, daß er sich schnell zurechtfindet. Grundsätzlich unterscheidet man drei verschiedene Arten von Funktionsschaltflächen oder -bereichen.

Textschaltflächen:

Weniger attraktiv, dafür aber eindeutig sind Schaltflächen oder sensitive Bereiche, die nur Text beinhalten. Der Text erklärt hierbei die anwählbaren Bereiche und Funktionen. Halten Sie den Text kurz und versuchen Sie, mit einem bis zwei Wörtern den nachfolgenden Bildschirminhalt, den zu wählenden Programmbereich oder die Funktion zu beschreiben.

Grafikschaltflächen:

Dieser Typ wird am häufigsten verwendet. Grafiken werden abstrakt, minimalistisch, ikonenhaft, ein-, zwei- oder mehrfarbig, als kleine Symbole oder als Flächen verwendet. Sie lassen sich als Schaltflächen auch animieren, wovon ich aber abrate, da sich das Auge nicht auf die gezeigten Bildschirminformationen einstellen kann und stets in Richtung Animation blickt. Verwenden Sie animierte Funktionsschaltflächen nur bei besonderen Hinweisen, wobei der Bildschirm wenig Information beinhalten sollte, oder zeigen Sie Animationen nur einmal beim Betreten der Bildschirmseite.

Bildschaltflächen:

Neben den Grafiken lassen sich auch fotorealistische Bilder einsetzen, die sensitiv reagieren oder auf einer Schaltfläche erscheinen sollten. Verwenden Sie hierbei eindeutiges Fotomaterial in guter Qualität. Vermeiden Sie zu viele Details in einem Bild. Arbeiten Sie mit Großaufnahmen. Für Internet-Anwendungen sollten Sie mit kleinen Grafiken arbeiten.

☑ **Kurztip:**
Helfen Sie Ihrem Kunden durch leicht verständliche Darstellungen.

TIP 64 *Auf den Ausdruck kommt es an!*

Bei Produkt- und Firmenpräsentationen, Bestellkatalogen oder Nachschlagewerken und vor allen an Info-Points auf Messen ist es wichtig, daß Ihr Kunden neben der digitalen Information zusätzliche Informationen ausgedruckt erhält. Neben dem Direktausdruck der dargestellten Bildschirminformation in Nachschlagewerken oder am Point of Sales sollten Sie auch einfache Faxanfragen für weitere Produktinfos, Bestellformulare für die gezeigten und weitere Produkte aus Ihrem Hause integrieren.

Wichtig ist dabei, daß Sie Formulare bereits am Bildschirm ausfüllen können. Zeigen Sie Ihrem Kunden ein leeres Formular als Lückentext an. Geben Sie ihm maussensitive Texthilfen für das Ausfüllen der Lücken. An ausgewählten Punkten stellen Sie Ihrem Kunden am TouchScreen eine eingeblendete Tastatur zu Verfügung. Produkte aus dem digitalen Warenkatalog müssen bereits im Bestellformular erscheinen und können von dort auch noch individuell geändert werden. Gestalten Sie das Formular so, wie es später auch ausgedruckt wird. Eröffnen Sie zusätzlich die Möglichkeit, nur ein Leerformular auszudrucken.

Eine andere Variante ist die schrittweise Abfrage von Daten. Dabei wird in Form eines Dialoges nach den einzelnen Angaben gefragt und erst am Ende das fertig ausgefüllte Formular am Bildschirm für den Ausdruck präsentiert. Sprechen Sie diese Varianten mit Ihrem Dienstleister ab.

Achten Sie auf das Layout und das Erscheinungsbild Ihres Formularausdrucks. Die vom Kunden gemachten Angaben müssen deutlich hervorgehoben erscheinen. Vergessen Sie nicht Ihr Firmensignet. Testen Sie den Ausdruck auf verschiedenen Druckertypen mit unterschiedlichen Auflösungen. Bei Ausdrucken aus Produktkatalogen müssen die ausgedruckten Fotos und Grafiken eine gute Qualität aufweisen.

> ☑ **Kurztip:**
> Lassen Sie Formulare direkt am Bildschirm ausfüllen – Layout am Bildschirm und Printlayout sollten weitgehend identisch sein – Gestalten Sie den Ausdruck professionell und achten Sie auf eine gute Qualität von ausgedruckten Bildern – Testen Sie Ausdrucke auf verschiedenen Druckertypen.

TIP 65 *Einsatz von Animationen und Videos*

 Animation und Video als die beiden Formen des Bewegtbildes lassen sich entweder zur reinen Unterhaltung oder aber für die direkte Informationsvermittlung in Multimedia-Anwendungen einsetzen. Dennoch stellt sich die Frage: Wie wichtig sind Videos und Animationen in digitalen Produkten?

Professionelle Videoaufnahmen sind oft kostspielig in der Produktion. Versuchen Sie auf bestehendes Videomaterial zurückzugreifen. Bei Firmenpräsentationen bietet es sich zum Beispiel an, im Film einen Gang durch das Firmengebäude oder einzelne Produktionsschritte zu zeigen. In einer Anmoderation können Sie den Firmenvorstand oder den Geschäftsführer zu Wort kommen lassen. Auch Produkte können gut im Video präsentiert und zusätzlich mit einem Sprechertext unterlegt werden. Der Umgang mit Maschinen, das Aufzeigen eines realistischen Ablaufes oder die Vermittlung eines Eindrucks sind für Videodarstellungen besonders geeignet. Nutzen Sie den *Videoeinsatz gezielt* und nicht nur als einfache Dreingabe. Visualisieren Sie Informationen, die als Text, Grafik oder durch Sprechertexte schwer zu vermitteln sind und einen vielschichtigeren Eindruck verschaffen können.

Animationen werden hauptsächlich dann eingesetzt, wenn der zu vermittelnde Sachverhalt im Video *nicht realistisch gezeigt* werden kann oder komplexe Zusammenhänge im einzelnen präsentiert und kommentiert werden sollen. Animationen haben immer *Modellcharakter*. Setzen Sie Animationen bei schematischen Zeichnungen, Aufbau von Ablaufdiagrammen, modellhaften Abbildungen der Realität (z.B. 3-D Ansichten von Gebäuden) und bei der Darstellung von Details ein. Verwenden Sie Animationen aber auch dann, wenn Sie innerhalb Ihrer Bildschirminformation auf ganz bestimmte Aussagen Wert legen oder Textstellen deutlich hervorheben möchten. Benutzen Sie dabei langsam blinkenden Text oder lassen Sie Überschriften und einzelne Schlagwörter in Leserichtung langsam auf- und abbauen. Verwenden Sie Text als 3-D-Animation nur für kurze Wörter, zum Beispiel auf Schaltflächen (⇒siehe Tip 66) oder für die Einblendung Ihres Firmenlogos.

☑ Kurztip:
Setzen Sie Videos und Animationen gezielt und nicht als Dreingabe ein – Achten Sie auf hohe Qualität des Videomaterials.

TIP 66 *Wie werden Animationen erstellt und wie aufwendig sind sie?*

Grundsätzlich müssen Sie zwischen 2-D und 3-D-Animationen unterscheiden. Die aufwendigere Variante stellt die 3-D-Animation dar. Sie dient vor allem für die Verdeutlichung von räumlichen Zusammenhängen, für Spezialeffekte im Videoschnitt, für animierte Schriftzüge und Gegenstände oder für die Schaffung von räumlichen Illusionen geeignet.

2-D-Animation:

Wie bei einem Zeichentrickfilm werden die Akteure in Einzelphasen hintereinandergereiht und zu einem Film zusammengestellt. Beim Ablauf der Sequenzen entsteht dann der Eindruck von Bewegung. Verschiedene Autorensysteme bieten diese Funktion bereits an. Dabei wird das Objekt lediglich an die Startposition gesetzt, der zu beschreitende Weg und die Zielposition angegeben. Das Objekt selbst besteht meist nur aus zwei Bewegungsphasen. Verschiedene Optionen lassen das Objekt dann auf Mausklick, beim Betreten oder Verlassen der Seite oder ununterbrochen ablaufen.

3-D-Animation:

Diese Form der Animation ist aufwendiger. Bevor die eigentliche Animation zusammengestellt werden kann, müssen im Vorfeld die verschiedenen Kameraeinstellungen, Belichtungen und Geschwindigkeiten der Bewegung festgelegt werden. Fertige Objekte lassen sich anschließend im Raum bewegen. Möchten Sie allerdings einen virtuellen Raum in Form eines Gebäudes schaffen, muß dieses erst als Drahtgittermodell entwickelt und die verschiedenen Oberflächen mit den unterschiedlichen Beschaffungsmaterialien versehen werden. Spezielle Programme und intensive Rechnerzeiten sind für die Berechnungen von aufwendigen 3-D-Animationen nötig. Achten Sie immer auf eine gute Darstellungsqualität. Quicktime VR von Apple ermöglicht es Ihnen zudem, Fotos so umzusetzen, daß Sie sich im Raum mit Hilfe der Maus interaktiv bewegen können.

> ☑ **Kurztip:**
> Achten Sie auf eine gute Qualität bei Animationen– Setzten Sie Animationen sparsam ein.

TIP 67 *Professionelle Sprecher für ein professionelles Produkt*

Nichts ist abschreckender als ein Multimedia-Produkt, in dem ein Dialekt redender, unausgebildeter Sprecher Hilfetexte, Moderation oder Synchronisation von Videofilmen übernimmt. In einem kundenorientierten Produkt sollten Sie daher unbedingt auf die Professionaliät bei den Sprechern achten.

Fragen Sie Ihren Dienstleister nach professionellen Sprechern und lassen Sie sich unterschiedliche Sprechproben geben. Nicht jeder Sprecher ist für jedes Produkt geeignet. Doch wo finden Sie geeignete Sprecher? Gute Sprecher sind in Fernseh- und Rundfunkanstalten oder an Theatern oder Schauspielschulen anzutreffen. Fragen Sie dort an. Die Sprecher werden nach Stunden im Aufnahmestudio bezahlt. Den zu sprechenden Text möchten die meisten Sprecher vorab zugesandt haben, um sich in die entsprechenden Betonungen und Besonderheiten des Textes einzulesen.

Versuchen Sie, wenn es Ihnen möglich ist, beim Studiotermin dabei zu sein. Lesen Sie vor dem Studiotermin den zu sprechenden Text noch einmal aufmerksam durch und markieren Sie Wörter und Absätze, auf die es Ihnen besonders ankommt. Oftmals können Sie die verschiedenen Textpassagen noch individuell beeinflussen, falls Ihnen die Betonungen oder die Sprechgeschwindigkeit nicht richtig zusagen.

☑ **Kurztip:**
Wählen Sie Ihre Sprecher anhand von Sprechproben aus – Kennzeichnen Sie in Ihren Sprechertexten die Ihnen wichtig erscheinenden Passagen.

TIP 68 *Wer schreibt die Sprecher- und Anweisungstexte?*

Alle gesprochenen Texte müssen absolut prägnant und inhaltlich überzeugend vorgebracht werden.

Sowohl Hilfetexte als auch alle Ansagen und Produkttexte müssen professionell für den Adressaten geschrieben werden. Ausgebildete Texter bringen entsprechende Erfahrungen dafür mit. Lassen Sie vor allem die direkt auf den Kunden bezogenen Texte von erfahrenen Textern entwickeln.

Die Hilfetexte können erst erstellt werden, wenn das Produkt in seiner Funktionalität bereits steht. Erst dann sind alle Funktionen der Bildschirminhalte geklärt, und die Bedienungstexte können dazu entwickelt werden. Der Texter muß von Anfang an mit dem Produktkonzept vertraut gemacht werden. Zusammen mit dem Entwickler spricht er anschließend die verschiedenen Interaktionsmöglichkeiten des Produktes durch. Wichtig beim Erstellen der Anweisungstexte ist die eindeutige Bezeichnung der Bildschirminhalte und Programmfunktionen. Eindeutige Begriffe müssen bereits im Vorfeld vergeben werden. Planen Sie dies bei der Konzeptentwicklung mit ein. Achten Sie auch bei den Hilfetexten auf eindeutige und einfache Programmanweisungen.

Falls Ihr Dienstleister auch werbeerfahrene Texter anbietet, können diese neben den eigentlichen Bedienungsanweisungen und Sprechertexten auch Texte für Ihre CD-ROM-Produkte entwickeln. Haben Sie eine Agentur mit im Boot, so sollte diese den Auftrag für die Produktbeschreibungen bekommen. Lesen Sie die Texte aufmerksam und laut durch. Ändern Sie die Texte so lange, bis sie verständlich und kundenorientiert sind. Sprechen Sie die Texte im Vorfeld mit den Studiosprechern noch einmal durch. In diesem Stadium lassen sich noch einfach Änderungen durchführen.

> ☑ **Kurztip:**
> Achten Sie auf kundenorientierte und professionelle Texte - Hilfe- und Anweisungstexte müssen leicht verständlich und eindeutig sein – Verwenden Sie stets gleiche Schreibweisen und Begriffe.

TIP 69 *Lernprogramme müssen individuell und flexibel sein*

Planen Sie, ein Lernprogramm auf den Markt zu bringen oder ein Multimedia-Produkt für die interne Mitarbeiterschulung zu entwickeln, so sollten Sie vor allem auf die Flexibilität Ihres Programmes achten. In einem Lernprogramm müssen vor allem Wissensstand und individueller Lernfortschritt festgehalten werden.

Der Bereich Lehr-/Lernprogramme ist so vielschichtig, daß ich Ihnen hier nur einige *Anregungen* zur Entwicklung mit an die Hand geben kann:
- Suchen Sie sich einen Drehbuchautor, der mit dem Inhalt und den Umsetzungsmöglichkeiten für Multimedia-Produkte vertraut ist.
- Geben Sie jedem Programmbenutzer die Chance, sich individuell im Programm anzumelden und seinen Trainingsstand am Ende jeder Sitzung abzuspeichern.
- Fehleingaben bei Aufgaben sollten durch personalisierte Feedbacks kommentiert werden. Mit anderen Worten: Der Benutzer sollte im Text stets mit Namen angesprochen werden.
- Geben Sie bei Fehleingaben stets didaktische Hinweise und begnügen Sie sich nicht mit einem „leider falsch" oder „nicht richtig".
- Zeigen Sie für jede Aufgabe Lösungswege auf oder verweisen Sie auf die entsprechende Lektion zur Wiederholung im Lernprogramm.
- Gestalten Sie Ihr Lernprogramm abwechslungsreich und vermeiden Sie eine lineare Programmführung ohne Ausstiegsmöglichkeiten, bevor das eigentliche Kapitel abgeschlossen ist.
- Geben Sie dem Nutzer die Möglichkeit, seinen Wissensstand anhand von erreichten Punktzahlen oder Grafiken stets zu überprüfen.
- Wechseln Sie immer zwischen den verschiedenen Aufgabenformen (Lückentext, drag and drop, multiple choice, zuordnen, Geschicklichkeitsübungen etc.) ab.
- Lockern Sie Ihren Multimedia-Kurs durch gezielte Animations- und Toneinblendungen auf.
- Bieten Sie immer Lösungshilfen in Form von Zwischenhilfen an.
- Halten Sie die Programmbedienung einfach, damit sich der Kursteilnehmer möglichst nur auf den Inhalt konzentrieren kann.
- Gestalten Sie ein Lernprogramm ansprechend und abwechslungsreich.
- Erklären Sie den Sachverhalt durch animierte Grafiken oder Videos.

TIP 70 *Hilfetexte erleichtern die Bedienung*

Bei Lernprogrammen und marketingorientierten Anwendungen sollte dem Benutzer immer eine ausführliche und didaktisch gut durchdachte Texthilfe gegeben werden. Der Text sollte mit einigen grafischen Erklärungen durch einfachen Mausklick über die rechte Maustaste oder über ein Hilfesymbol zur Verfügung stehen.

Die sensitive Maushilfe zeigt dem Anwender lediglich eine Kurzhilfe für die Bedienung des Programms. Sobald der Mauszeiger an der entsprechenden Position verweilt, wird sie - meist in Form von kleinen Textfeldern oder - einblendungen - in einer Art Statusleiste in Form von wenigen Schlagworten angezeigt.

Erklären Sie Ihrem Kunden im ausführlichen Hilfetext die jeweils gezeigten Möglichkeiten und Funktionen des aktuellen Bildschirms. Bilden Sie die vorhandenen Symbole oder Schaltflächen im Hilfetext ab und geben Sie dazu die entsprechenden Erklärungen. Beschreiben Sie die Funktionsweisen von komplexen Vorgängen, wie zum Beispiel das Vorgehen mit einem Warenkorb für die Bestellmöglichkeiten in einem Produktkatalog.

Vermeiden Sie die Verwendung von Hypertext-Hilfen, sondern versuchen Sie, alle nötigen Informationen für die Hilfe auf einer direkten Hilfeseite zu beschreiben. Hypertext sollten Sie nur für den Verweis auf weitere Hilfethemen verwenden und möglichst wenig Verzweigungen zulassen. Sie bringen den Nutzer von der eigentlichen Fragestellung ab und verwirren Ihn mehr, als daß Sie im nützlich sind. Gehen Sie bei Ihrem Programmnutzer immer vom einfachsten Anwender aus. Formulieren und gestalten Sie Ihre Hilfetexte dementsprechend. Vermeiden Sie die Verwendung von programmspezifischen Fachtermini, wenn diese sich auch verständlich beschreiben lassen. Sprechen Sie Ihren Programmanwender immer persönlich an. Betrachten Sie die Hilfe auch als ein Teil Ihres Verkaufsgespräches.

> ☑ **Kurztip:**
> **Denken Sie bei allen Hilfen stets an Ihren Kunden – Formulieren Sie die Hilfen einfach und eindeutig – Vermeiden Sie unnütze Querverweise durch Hyperlinks – Geben Sie Ihrem Anwender zusätzliche visuelle Hilfen durch die Abbildung von Bedienerelementen.**

TIP 71 *Hilfen für unterschiedliche Nutzertypen*

Durch die Möglichkeit der grafischen Benutzeroberflächen für Anwendung und Navigation ergeben sich verschiedene Darstellungsmöglichkeiten für individuelle Hilfen, die Sie Ihren Kunden anbieten können. Gehen Sie bei den Nutzern von verschiedenen Menschentypen aus, die unterschiedliches Informationsaufnahmeverhalten zeigen. Gerade Multimedia bietet die Chance, Hilfen individuell anzubieten und in *eine* Anwendung zu integrieren. Denken Sie an die Möglichkeiten von Text-, Audio- und Videohilfen.

Folgende Hilfen sind möglich:

- Maussensitive Hilfen:

Erklären Sie die Navigationsschaltfächen, Darstellungsebenen, Diagramme und die derzeitige Position des Anwenders mit Hilfe von maussensitiven Texten. Je nach Position des Mauszeigers werden die einzelnen Elemente mit Hilfe von kurzen, prägnanten Texten eingeblendet. Die Hilfeeinblendung erfolgt über kleine Textfelder, sogenannte PopUps, oder kann direkt an einer festen Position auf der Benutzeroberfläche dargestellt werden.

- Navigations- und Inhaltshilfe auf Mausklick

In der Regel wird die rechte Maustaste bei Multimedia-Anwendungen selten belegt. Deshalb bietet es sich an, eine kontextabhängige Hilfe über den rechten Mausklick einblenden zu lassen. Je nach der Position innerhalb der Anwendung können Sie verschiedene Hilfen anbieten. Außerdem kann innerhalb der Bedieneroberfläche eine feste Hilfe-Leiste mit eindeutigen Symbolen eingeblendet erscheinen. Der Anwender hat somit auch während der Programmbedienung Zugriff auf individuelle Hilfen.

- Audio-Hilfen

Auf Mausklick oder durch Drücken eines Audio-Symbols lassen sich individuelle akustische Hilfen geben. Der Sprecher aus dem Off erklärt den aktuell eingeblendeten Bildschirm, gibt weitere Anweisungen oder wichtige Hinweise für die weitere Navigation. Die Audio-Hilfe kann automatisch bei jedem

Seitenwechsel aufgerufen oder auf Mausklick angefordert werden. Geben Sie dem Anwender die Chance, diese Einstellungen frei zu wählen. Achten Sie auf einen professionellen Sprecher bei Audio-Hilfen. (⇒siehe Tip 67)

- Video-Hilfen

Ähnlich der Audio-Hilfe können Sie jeden Bildschirm auch über einen Moderator im Livebild kommentieren lassen. Dabei muß das Video-Fenster nicht in voller Größe dargestellt werden. Bereits die Einblendung eines kleinen Fensters an einer festen Position auf der Benutzeroberfläche genügt. Schaffen Sie einen Sympathieträger als Moderator, der den Nutzer durch das gesamte Programm begleiten kann. Sind Ihnen Video-Aufnahmen mit profesionellen Schauspielern zu aufwendig und zu teuer, setzen Sie Zeichentrickfiguren, animierte Skizzen, Marionetten oder Handpuppen ein. Diese Art der Video-Hilfe läßt sich zudem sehr einfach mit den Sprechertexten synchronisieren.

- Reine Texthilfen

Die reine Texthilfe sollte möglichst prägnant und kurz formuliert und durch grafische Elemente aufgelockert eingesetzt werden. Muten Sie dem Anwender nicht zu viel Hilfe- und Informationstext zu. Stellen Sie wichtige Stellen grafisch dar. Verzichten Sie, wenn möglich, auf Hypertext-Hilfen. Führen Sie Ihren Kunden nicht in einen Dschungel von Hilfetexten.

☑ **Kurztip:**
Bieten Sie individuelle Hilfen an – Gestalten Sie Ihre Hilfen nicht zu textlastig – Variieren Sie mit Hilfemöglichkeiten und setzen Sie für Sprecher und Video-Hilfen auch lustige Elemente ein - Überraschen Sie Ihren Anwender mit Variationen und Ideenreichtum auch innerhalb Ihres Hilfeangebots - Sorgen Sie dafür, daß Hilfen über die Benutzeroptionen ein- und ausgeschaltet werden können.

TIP 72 *Was und wer gehören in das Impressum?*

 Wie bei einem Buch oder einem Film können auch in einem Multimedia-Produkt Angaben zu den am Projekt beteiligten Personen unter dem Stichwort *Impressum* oder *Info* aufgelistet werden. Zwingend notwendig ist dies allerdings nicht, da der Hersteller meist auf der Verpackung und im beiliegenden Booklet noch einmal aufgeführt wird.

In welcher Form Ihr Dienstleister und Sie selbst im Impressum vertreten sind, sollten Sie bereits im Pflichtenheft festlegen. Es ist nicht erforderlich, daß sich alle Beteiligten im Impressum wiederfinden müssen. Bei umfangreichen Projekten könnte es schnell zu lang werden. Es genügt, wenn Ihr Dienstleister mit Firmennamen, Logo und Firmensitz vertreten ist. Mehr Angaben sollten nicht enthalten sein, da unter Umständen die Angabe der Telefonnummer dazu führen kann, daß mancher Nutzer zum Telefon greift und diese Nummer als Hotline interpretiert. Anfragen bezüglich Ihres Entwicklers werden über Sie weitergeleitet.

Andererseits sollten Ihre Firma, Projektansprechpartner und wichtige Adressen auf jeden Fall im Impressum vertreten sein. Nutzen Sie das Impressum auch unter Marketingaspekten. Stellen Sie Ihr Unternehmen mit den wichtigsten Ansprechpartnern und Telefonnummern dar und beschreiben Sie kurz Ihre Produktpalette. Integrieren Sie, wenn möglich, ein Faxformular für Anregungen, weitere Produktinformationen und zusätzlichen Kundenservice in Form von Infobriefen oder Newsletter. Vergessen Sie in Ihrem Impressum nicht den Hinweis auf das Copyright.

☑ **Kurztip:**
Legen Sie die Inhalte des Impressums bereits im Pflichtenheft fest – Firmenname, Logo und Firmensitz sind ausreichend für die externe Entwicklungsfirma – Nutzen Sie das Impressum als zusätzliches Marketing-Instrument – Integrieren Sie zusätzliche Anforderungsmöglichkeiten als Faxformular – Verweisen Sie auf das Copyright.

TIP 73 *Das Intro - Aushängeschild für Unternehmen und Produkt*

Der erste Eindruck ist der wichtigste. Dies gilt für die Begegnung zwischen Menschen und für das Kennenlernen eines Produktes. Wie bei einem Film wird auch ein multimediales Software-Produkt mit einem Vorspann eröffnet. *Was nach dem ersten Mausklick auf das Startsymbol erscheint, ist entscheidend für den Nutzer.* Nützen Sie die Chance eines ansprechenden Einstiegs. Vermeiden Sie technische Hürden, die der Nutzer nehmen muß, um in den Genuß Ihres Intros zu kommen. Weniges, aber technisch perfekt, ist in diesem Fall angebrachter, als zu viel und mit zu hohen Anforderungen verwendete Hard- und Software.

Sprechen Sie im Intro Ihren Kunden an, erschließen Sie ihm das Produkt auf audiovisuelle Art und Weise. Geben Sie ihm einen Kurzeinblick in Ihr Produkt und schaffen Sie dazu einen Anreiz. Fordern Sie ihn auf, daß Produkt selbst zu entdecken. Ob Sie dazu eine aufwendige Animation, eine Filmsequenz mit ansprechender Musik oder ein kommentiertes und animiertes Einblenden verschiedener Bildschirminhalte aus Ihrem Produkt als Einstieg wählen, das bleibt Ihrer Kreativität bzw. der Ihres Dienstleisters überlassen. Arbeiten Sie zum Beispiel mit virtuellen Räumen zur Navigation durch das Produkt, so können Sie diese Räume in einem Kurzüberblick vorstellen. Haben Sie in nächster Zeit vor, weitere Multimedia-Produkte zu produzieren, so achten Sie darauf, daß der Einstieg einheitlich gestaltet wird. Dazu können Sie etwa vor dem eigentlichen Produktvorspann das Logo Ihrer Firma oder/und der Produktreihe einblenden. Auf diese Weise schaffen Sie einen Wiedererkennungswert.

Denken Sie auch daran, daß der Vorspann jederzeit abgebrochen werden kann und der Nutzer so zur entsprechenden Startseite im Programm kommen sollte. Machen Sie dies im Intro deutlich oder erklären Sie diesen Sachverhalt in den Anweisungen zur Installation und zum ersten Start.

> ☑ **Kurztip:**
> **Schaffen Sie mit dem Intro einen positiven Zugang zu Ihrem Produkt – Weisen Sie auf die Unterbrechungsmöglichkeit des Intros hin.**

TIP 74 *Wieviele Programmierer benötigt Ihr Produkt und wer ist Ansprechpartner?*

Je nach Umfang Ihrer digitalen Anwendung arbeitet ein mehr oder wenigergroßes Team von Programmierern an der Entwicklung. Wichtig ist dabei die richtige Koordination innerhalb der Entwicklungsabteilung. Die Fäden dazu hält der Abteilungs- oder der zuständige Entwicklungsleiter in der Hand. Diese Person ist Ihr Ansprechpartner.

Der Entwicklungsleiter wird von allen am Projekt beteiligten Personen in regelmäßigen Abständen über den Projektstand unterrichtet. Er behält den Überblick und kann auftauchende Probleme sofort erkennen, Maßnahmen in die Wege leiten und sich gegebenenfalls mit Ihnen in Verbindung setzen. Änderungswünsche des Produktes werden zunächst mit dem Projektleiter und/oder mit dem Leiter der Entwicklungabteilung auf Realisierbarkeit diskutiert und anschließend zeitlich und finanziell neu kalkuliert. Feste, schriftliche Vereinbarungen werden nicht mit dem Entwicklungsleiter, sondern nur mit dem Projektleiter vereinbart.

Lassen Sie sich auch einen zweiten projektverantwortlichen Entwickler zusichern, der den Entwicklungsleiter bei Urlaub oder Krankheit vertreten kann. Ein gutes, eingespieltes Entwicklungsteam ist die Garantie für eine reibungslose Produktentwicklung.

> ☑ **Kurztip:**
> **Lassen Sie sich nur einen Ansprechpartner und einen Stellvertreter innerhalb der Entwicklungsabteilung für Ihr Projektvorhaben nennen – Feste Abmachungen und Programmänderungen werden über den Projektleiter schriftlich getroffen.**

TIP 75 *Kommunizieren Sie direkt!*

Wenn es um Änderungen, Neuerungen oder Anweisungen zum Projektvorhaben geht, muß es oft schnell gehen, und alle müssen informiert werden. *Nutzen Sie den schnellsten Kommunikationsweg.* Jede Änderung, die über das Telefon mitgeteilt wird, muß *zusätzlich schriftlich* festgehalten, archiviert und bestätigt werden.

Neben Brief- und Faxmitteilungen sollten Sie sich auch einen Zugang zum Online-Netz verschaffen. Klären Sie mit Ihrem Dienstleister ab, welchen Kommunikationsweg er für das Projekt einsetzen möchte. Regeln Sie mit ihm die verschiedenen Mitteilungsstufen und die Art der Kommunikation. Verwenden Sie ein eindeutiges, gemeinsam zu nutzendes Kommunikationsformular. Wichtige Grundinformationen wie Projektname, Datum, Adressaten, Faxmitteilungsnummer und Prioritätsangaben können darin enthalten sein. Über eine Formatvorlage für die Textverarbeitung läßt sich dies direkt realisieren. E-Mails sollten Sie für schnelle Mitteilungen mit hohem Verteilungsgrad auch im Unternehmen nutzen. Machen Sie die Mitteilungen über Netzwerk bzw. Intranet jedem Projektbeteiligten zugänglich. Über verschiedene Zugangsberechtigungen lassen sich die digitalen Dokumente aber auch nur bestimmten Adressaten zuordnen. Archivieren Sie Mitteilungen so, daß sie jederzeit zugänglich und wiederauffindbar sind. Neben der digitalen Archivierung sollten Sie alle Dokumente auch ausgedruckt aufbewahren.

Diskussionen zur Gestaltung von Bildschirminhalten lassen sich problemlos auch online erledigen. Sowohl Sie als auch Ihr Dienstleister können bei diesem Verfahren auf eine gemeinsame Darstellung am PC-Monitor zurückgreifen, diese besprechen und mit Verbesserungsvorschlägen und Markierungen versehen. Über eine ISDN-Karte im PC können Sie dies realisieren. Der Fachbegriff für dieses Verfahren ist Joint-Viewing und Joint-Editing.

> ☑ **Kurztip:**
> **Nutzen Sie schnelle Kommunikationswege für alle Projektbeteiligten – Archivieren Sie alle Dokumente sorgfältig digital und als Ausdruck.**

TIP 76 *Der erste Eindruck beim ersten Prototyp*

Für den ersten Produkteindruck wird Ihr Dienstleister Ihnen den sogenannten Prototyp vorstellen. Bei dieser rudimentären Programmversion werden Ihnen erste Bildschirminhalte präsentiert und bereits erste Programmfunktionen demonstriert.

Der Prototyp dient vor allem dazu, die geplanten ScreenDesigns und Navigationsmöglichkeiten zum ersten Mal im Programmzusammenhang zu sichten. Selbstverständlich zeigt der Prototype noch keine komplette Programmfunktionalität, Abstürze sind vorprogrammiert, und bei verschiedenen Bildschirmen und Funktionen werden Sie mit Dummies vorliebnehmen müssen.

Sind die Bildschirminhalte noch nicht in eine feste Programmstruktur eingebunden, lassen sich die verschiedenen Medien für den ersten Eindruck auch einfach über ein Präsentationsprogramm zeigen. Gehen Sie die Programmstruktur anhand Ihres Ablaufdiagramms noch einmal durch.

Nutzen Sie den Prototyp als Diskussionsgrundlage für das weitere Projektvorgehen. Änderungen an Bildschirminhalten und Navigation lassen sich in diesem Stadium am besten durchführen, wenn dabei die bereits entwickelten Programmmodule genutzt werden können.

> ☑ **Kurztip:**
> Gewinnen Sie im Prototyp den ersten Eindruck über Navigation und ScreenDesign – Kontrollieren Sie die Struktur anhand Ihres Ablaufdiagramms – Kleine Programmkorrekturen lassen sich diesem Stadium noch einfach durchführen.

TIP 77 *Bis wann lassen sich Änderungen am Produkt noch durchführen?*

Um mit einer relativierenden Aussage auf diese Frage zu antworten: „Es kommt darauf an!" Prinzipiell kann ein Multimedia-Projekt zu jedem Zeitpunkt noch geändert werden aber:

Sie sollten sich zunächst einmal Gedanken über den finanziellen und zeitlichen Rahmen des Projektes machen. Eine völlige Programmneustrukturierung kurz vor Fertigstellung eines Produktes kommt meist einer Neuprogrammierung gleich und erfordert weitere Entwicklungszeit. Deshalb ist das wichtigste bei einem digitalen Projekt das Programmkonzept. Bemühen Sie sich, dieses Konzept so perfekt wie möglich zu entwickeln und bis ins letzte Detail zu planen.

Grundsätzlich sollten programmtechnische Änderungen, also Umstellungen im Aufbau und im Ablauf des Programmes, nicht mehr nach dem ersten Prototyp erfolgen. Damit ist gewährleistet, daß erstens der zeitliche Rahmen eingehalten werden kann und zudem keine Mehrkosten auf Sie zukommen. Natürlich sind einzelne Änderungen bezüglich ScreenDesign oder die Verschiebung verschiedener Darstellungselemente - wie Videofenster oder zusätzliche Datenbankfelder-Einblendungen - noch möglich.

Oft kommen erst kurz vor Abschluß des Produktes noch Verbesserungsvorschläge, die unbedingt eingebaut werden sollten. Doch lassen Sie sich nicht auf dieses Unterfangen ein. Ein Software-Produkt ist immer verbesserungswürdig. Setzen Sie einen Entwicklungsschlußstrich. Sparen Sie sich gute und neue Ideen für das Folgeprodukt auf. Sehen Sie die Konzeption und Entwicklung eines digitalen Produktes als eine Art Lernprozeß.

Leider sind Software-Produkte nicht so dynamisch konzipiert und aufgebaut, daß allein durch ein paar Umstellungen ein neues Produkt mit anderen Navigationswegen entsteht. Software ist in erster Linie ein starres Gebilde, daß auf ein Programmkonzept aufbaut und sich danach auch richtet.

☑ **Kurztip:**
Vermeiden Sie jede Programmänderungen zum fortgeschrittenem Entwicklungsstadium – Sammeln Sie Ihre Ideen für Folgeprodukte.

TIP 78 *Gestalten Sie das Installationsprogramm so einfach wie möglich*

Die Installation Ihres Programms sollte so einfach und anwendergerecht wie möglich sein. Geben Sie eindeutige Installationsanweisungen in Ihrem Begleitheft oder direkt auf dem Datenträger vor. Das Installationsverfahren von Windows-Anwendungen hält sich dabei an einen Standard. In der Regel werden die Programme durch den Aufruf der sogenannten *Setup*-Datei installiert. Setup-Programme können mit Hilfe von Tools individuell erstellt werden.

Durch den Aufruf der Setup-Datei wird im Idealfall lediglich ein Icon - eine kleine Symbolgrafik - eingerichtet. Durch einen Doppelmausklick wird anschließend das Programm direkt von der CD-ROM gestartet. Bei der Entwicklung von hybriden CD-ROMs unter der Entwicklungsumgebung *Macromedia Director* ist dies zum Beispiel der Fall. Über ein Zusatzprogramm wird nur ein Icon installiert. Die eigentliche Programmdatei und alle Medien verweilen auf der CD-ROM. Eventuelle Treiber für Video- oder Animationsdarstellungen können optional installiert werden.

Geben Sie dem Anwender im Installationsprogramm zusätzlich textliche Hilfestellungen, wenn Sie verschiedene Möglichkeiten anbieten. Nehmen Sie ihm Arbeitsschritte ab und schlagen Sie ihm eine Installationsalternative in Form einer Pfadangabe (z.B. C:\Programm\) für die Speicherung der Daten auf der Festplatte vor. Verzichten Sie auf unnötige grafische Darstellungen und zeigen Sie ein einheitliches Erscheinungsbild bereits bei der Darstellung der Installationsbildschirmseiten. Schlagen Sie Programmgruppennamen vor.

Bereits die Installation sollte einer gewissen *Dramaturgie* folgen und Spannung auf das Produkt wecken. Sprechen Sie deshalb Ihren Kunden persönlich an und integrieren Sie im Setup stets Ihr Logo und den Produktnamen. Schaffen Sie einen *visuellen Anreiz* auf Ihr Produkt.

☑ Kurztip:
Gestalten Sie das Installationsprogramm einfach und einheitlich – Denken Sie auch an die Deinstallationsmöglichkeit – Sprechen Sie den Kunden persönlich an – Integrieren Sie stets Ihr Firmensignet und den Produktnamen – Geben Sie zusätzliche Texthilfen.

TIP 79 *Geben Sie dem Benutzer Installationsoptionen vor*

Bei einigen Anwendungen ist es oftmals aus Gründen der Geschwindigkeitsoptimierung notwendig, bestimmte Programmteile, Medien oder Datenbankmodule auf der Festplatte zu installieren. Doch sollten Sie, wenn möglich, diese Entscheidung dem Anwender überlassen. Stellen Sie ihm verschiedene Installationsoptionen zur Verfügung. Lassen Sie Ihren Kunden selbst entscheiden, welche der angebotenen Varianten für ihn die beste ist. Geben Sie zu jeder Variante ausreichend Installationshilfen. Obligatorisch ist die Installation eines Deinstallationsprogramms. (⇒siehe Tip 81)

- Optimale Installation:

Alle nötigen Dateien und Programmodule werden dabei auf die Festplatte kopiert. Dies bringt Geschwindigkeitsvorteile, kostet aber Speicherplatz. Bieten Sie diese Möglichkeit auf jeden Fall an. Besprechen Sie dies bereits bei der Programmkonzeption mit Ihrem Dienstleister.

- Benutzerspezifische Installation:

Lassen Sie Ihren Kunden selbst entscheiden, welche Module er auf seiner Festplatte auslagern und welche er direkt von der CD-ROM lesen möchte. Beschreiben Sie die zur Auswahl stehenden Optionen und lassen Sie verschiedene Varianten zu. Hierbei können zum Beispiel Inhalte von Datenbanken, kurze Tonsequenzen oder Animationen ausgelagert werden.

- Minimale Installation:

Alle nötigen Dateien bleiben auf dem Trägermedium und werden direkt von dort aus angesprochen. Lediglich ein Icon für den Programmstart und die noch benötigten Treiber für Video oder Animation werden mitinstalliert.

☑ **Kurztip:**
Bieten Sie Installationsoptionen an – Erläutern Sie jede Option kundenorientiert und ausführlich – Vergessen Sie die Deinstallation nicht.

TIP 80 *Über ein Icon starten Sie das Programm*

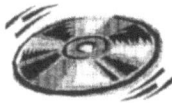

Nach erfolgter Installation wird in der Regel eine Programmgruppe mit mindestens zwei Icons, kleine Symbolbilder auf der Windows-Oberfläche, angelegt. Über das erste Icon läßt sich das Programm wieder deinstallieren, über das andere Icon starten Sie Ihre Anwendung. Oftmals wird zusätzlich Informationstext in Form einer *readme*-Datei mit angeboten. Dahinter verbergen sich zusätzliche Textinformationen zum Programm, die nach dem Aufruf zusammen mit einem unter Windows angebotenen Texteditor angezeigt werden. Integrieren Sie diese Informationen in Ihr Benutzerhandbuch oder direkt in Ihr Produkt, wenn es nicht spezielle technische Angaben sind, die zur Optimierung des Programms beitragen können.

Bei der Gestaltung des Programm-Icons sollten Sie sich von Ihrem Dienstleister verschiedene Varianten anbieten lassen. Die kleinen Symbolbilder sind lediglich 32 auf 32 Bildpunkte groß und bestehen aus 16 Farben. Das Programm-Icon sollte sich schnell einprägen und eindeutig zuordnen lassen. Vermeiden Sie zu komplexe Darstellungen. Verwenden Sie entweder Ihr Firmen-Logo als Icon oder kreieren Sie ein eigenes Programm-Symbol. Die Schwierigkeiten der Icon-Gestaltung liegen in der reduzierten Darstellungsgröße. Lassen Sie verschiedene Icon-Vorschläge von externen Mitarbeitern begutachten. Eindeutige Bild-Assoziationen zum Produkt wären wünschenswert, sind aber nicht immer realisierbar.

Abb. 7: *Beispiele von Icons verschiedener Programme:*

MindMan   Organizer   Postverwaltung

☑ **Kurztip:**
Benutzen Sie einprägsame Programm-Symbole – Lassen Sie sich verschiedene Vorschläge unterbreiten und testen Sie diese an verschiedenen Mitarbeitern – Schaffen Sie eine Assoziation zwischen Icon und Produkt.

TIP 81 *Jedes installierte Programm sollte sich auch wieder deinstallieren lassen*

Auch wenn Ihr Produkt kaum Platz auf der Festplatte des Anwenders benutzt, werden dennoch Treiber, Programmgruppen und Icons für den Programmstart und das Programm benötigt und installiert. Dies ist für den einfachen Nutzer oftmals nicht mehr nachvollziehbar. Der Normalanwender ärgert sich stets darüber, daß ihm immer weniger Platz auf seiner Festplatte zur Verfügung steht und er auch nicht in der Lage ist, eine *vollständig Säuberung seiner Festplatte vorzunehmen, um alle Programmfragmente zu löschen.*

Dafür gibt es die Möglichkeit eines Deinstallationsprogrammes. Dieses ist in der Lage, alle vorgenommenen Änderungen bei der Installation wieder rückgängig zu machen. Deinstallationsprogramme müssen in der Regel nicht extra programmiert werden. Wie auch für die Installation existieren hierfür Tools, die dieses Vorgehen automatisieren und lediglich in Text und Darstellungsweise individuell angepaßt werden können. Nach der erfolgten Installation wird dafür ein zusätzliches Programmsymbol angezeigt, über das der Anwender das komplette Programm mit allen Untereinträgen und Verweisen wieder deinstallieren kann.

Bieten Sie diese Möglichkeit mit an. Oftmals werden Programme in unerwünschte Verzeichnisse installiert, oder der Anwender möchte das Programm entfernen und auf einen anderen Rechner installieren. Die Möglichkeit der Deinstallation ist ein Baustein zur Benutzerfreundlichkeit Ihres Produktes.

> ☑ **Kurztip:**
> **Bieten Sie die Möglichkeit der Deinstallation an – Auch die Deinstallation ist ein Baustein zur Benutzerfreundlichkeit und Kundenzufriedenheit.**

TIP 82 *Der sparsame Umgang mit Speicherplatz auf der Festplatte*

Die Speicherkapazitäten der heutigen Festplattengeneration beginnen bei einem Gigabyte. Das klingt nach sehr viel, doch haben umfangreiche Softwarepakete und einzelne Anwenderprogramme dazu beigetragen, daß die Festplatten in kürzester Zeit megabyteweise wieder überfüllt werden und so mancher Anwender zu wenig Speicherplatz hat. Zweifelsohne ist es notwendig, daß Programme, die ständig zur Verfügung stehen müssen, auf dem lokalen PC installiert werden. Doch ist es nicht sinnvoll, jede Information auf der Festplatte auszulagern.

Besonders bei Multimedia-Anwendungen reicht es völlig aus, wenn nur Programmdateien, verschiedene Treiber und zugehörige DLL (Dynamik Link Libaries) etc. auf der Festplatte installiert werden. Alle Mediendaten wie Ton, Film, Animation und Bilddaten können direkt von der CD-ROM gelesen werden. Die Zugriffsgeschwindigkeit des CD-ROM-Laufwerkes ist dafür völlig ausreichend, wenn im Vorfeld die entsprechenden Standards gesetzt wurden. (⇒siehe Tip 11)

Dazu gehören folgende Überlegungen: Welcher Anspruch wird an den Datentransfer und die Farbdarstellung der Bilder gestellt? Wie hoch ist die Anzahl der Einzelbilder pro Sekunde in einem Video? Mit welcher Samplingrate werden die Tondateien digitalisiert?

Versuchen Sie bei der Entwicklung darauf zu achten, so wenig wie möglich Speicherkapazität der Festplatte in Anspruch zu nehmen. Denken Sie daran, daß ein Multimedia-Titel, im Gegensatz zu einem Anwenderprogramm, nicht ständig in Benutzung ist, daher in den Augen des Nutzers unnötiger Speicherplatz verschwendet wird. Außerdem ist der größte Teil der privaten PC-Nutzer nicht in Besitz von größeren Festplatten.

> ☑ **Kurztip:**
> **Gehen Sie sparsam mit benötigtem Festplattenspeicher um – Lassen Sie so viel wie möglich Daten auf dem externen Datenträger ausgelagert – Denken Sie an die Anwender mit kleinen Festplattenspeichern.**

TIP 83 *Lassen Sie sich genügend Zeit für den Programmtest*

Jeder übersehene inhaltliche und programmtechnische Fehler in Ihrem Produkt kostet Sie ein Stück *Glaubwürdigkeit* und im Extremfall viele Kunden. Die Testphase in der Programmentwicklung ist in der Regel der aufwendigste Abschnitt. Er nimmt den wichtigsten Part ein. Daher ist es ratsam, die Testphasen möglichst gut zu planen und sich ausreichend Zeit dafür zu lassen. Um sicher zu gehen, sollten Sie aktiv an den Programmtests mitwirken.

Setzen Sie bei den Programmtests verschiedene Testpersonen ein. Lassen Sie das Produkt auch Personen bedienen, die nicht mit dem Projekt in Verbindung standen. Testen Sie das Produkt auf unterschiedlichen Rechnern mit unterschiedlichen Hard- und Softwarevoraussetzungen. Bauen Sie sich für die Produkttests einen Stamm von Testpersonen auf, die Ihnen bei den abschließenden Beta-Tests zur Verfügung stehen. Vereinheitlichen Sie das Testverfahren, so daß gefundene Mängel und Fehler einheitlich gemeldet werden können und der Entwickler ein einheitliches Fehlerprotokoll bekommt. Vermeiden Sie die mehrfache Auflistung desselben Fehlers.

Führen Sie Programmtests niemals unter Zeitdruck aus und lassen Sie sich genügend Zeit für die Überprüfung aller angebotenen Funktionen und Möglichkeiten. Der Abschlußtest und die kontrollierte Beseitigung der gefundenen Programmfehler zählen zu den wichtigsten und zeitaufwendigsten Abschnitten eines Multimedia-Projekts und können getrost mit 25% der gesamten Entwicklungszeit veranschlagt werden. Systematisieren Sie daher Ihre Vorgehensweise der Programmtests und testen Sie auch Navigationsmöglichkeiten, die außerhalb des intendierten Programmablaufs liegen.

> ☑ Kurztip:
> Führen Sie Abschlußtests nicht unter Zeitdruck durch – Vereinheitlichen Sie das Festhalten von gefundenen Fehlern – Systematisieren Sie Fehlermeldung und Kontrolle nach der Fehlerbeseitigung – Lassen Sie Ihren Dienstleister ebenfalls Abschlußtests fahren und gefundene Fehler an Sie melden – Vermeiden Sie doppelte Fehlermeldungen.

TIP 84 *Wie sollten Sie ein Programm testen?*

Wichtig bei allen Programmtests ist das einheitliche Vorgehen und die vereinheitlichte Meldung der gefundenen Fehler und Mängel. Lassen Sie sich daher von Ihrem Dienstleister ein gemeinsam zu nutzendes *Fehlerformular* aushändigen. Vereinbaren Sie mit ihm die gewünschten Konventionen für die Protokollierung. Für den Entwickler muß der von Ihnen beanstandete Fehler sofort nachvollzieh- und reproduzierbar sein. Ohne die genauen Angaben, in welchem Zusammenhang dieser Fehler aufgetreten ist, wird es schwer für die Entwicklungsabteilung, die Ursache näher einzugrenzen.

Protokollieren Sie zunächst die Hard- und Softwarevoraussetzungen Ihres Testrechners und beschreiben Sie den genauen Weg bis zur Fehlerquelle. Einmalig auftretende Fehler nützen nichts, wenn Sie selbst den Weg nicht ein zweites Mal mit demselben Ergebnis nachvollziehen können. Melden Sie nicht jeden Fehler einzeln, sondern sammeln Sie Fehler auf einem Testbericht. Benutzen Sie eine einheitliche Sprache für die genaue Bezeichnung der Bildschirminhalte und Wege. Testen Sie auch Bereiche Ihres Bildschirms mit der Maus, die nicht für Funktionen vorgesehen sind. Versuchen Sie Objekte anzuklicken oder zu verschieben. Testen Sie unterschiedliche Tastenkombinationen und das Verhalten eines geplanten Ausdrucks an verschiedenen Druckertypen.

Melden Sie die gefundenen Fehler gesammelt Ihrem Entwickler und vereinbaren Sie mit ihm einen Termin für einen neuen Test. Für den nachfolgenden Test sollten Ihnen alle beseitigten Fehler bekanntgegeben werden. Somit vermeiden Sie eine doppelte Fehlermeldung. Vereinbaren Sie stets feste Termine für die Beseitigung der gefundenen Mängel. Arbeiten Sie bei der Fehlerbeseitigung nach Prioritäten. Echte Programmfehler haben Vorrang vor falsch eingebundenen Medien oder ScreenDesigns.

☑ **Kurztip:**
Führen Sie Produkttests zusätzlich mit externen Personen durch – Achten Sie auf einheitliche Fehlerprotokolle – Aktualisieren Sie die Testversionen in regelmäßigen Abständen – Lassen Sie sich die beseitigten Fehler von Ihrem Entwickler schriftlich bestätigen.

TIP 85 *Lassen Sie sich bei Beta-Tests von externen Testern helfen*

Oftmals haben die an einem Projekt beteiligten Personen nicht mehr den nötigen Abstand zu Ihrem Produkt und sind somit auch für die verschiedenen Beta-Tests nicht mehr objektiv genug. In diesem Fall sollten Sie sich einen Stamm von freien Testern zulegen, die Ihnen bei den verschiedenen Testphasen äußerst nützlich sein können.

Selbstverständlich verlangt das einen gewissen organisatorischen Aufwand, doch wird die Wahrscheinlichkeit, daß reine Programmfehler übersehen werden, mit externen Testpersonen sehr gering. Für die inhaltliche Komponente Ihres Programmes ist nach wie vor die Programmredaktion zuständig. Für externe Tester, die nicht mit dem Projekt vertraut sind, eignen sich oftmals Mitarbeiter oder Personen, die über eine Announce gefunden werden können. Halten Sie den Stamm der Testpersonen nicht zu groß. Eine Anzahl zwischen fünf und zehn Testpersonen, je nach Programmumfang, sollte genügen.

Stellen Sie Ihr Programmkonzept Ihren Testpersonen vor den Tests kurz vor, erklären Sie ihnen das Verfahren für die Testvorgänge und schließen Sie mit ihnen gegebenenfalls eine Geheimhaltungsvereinbarung ab. Externe Programmtester werden meist mit einer Pauschale bezahlt und bekommen natürlich ein fertiggestelltes Produkt zugesichert. Sammeln Sie die einheitlich geführten Testberichte und lassen Sie diese dem Entwickler zukommen. Aktualisieren Sie die Testversionen in regelmäßigen Abständen. Neben der Möglichkeit, eine weitere CD-ROM zu versenden, kann dies programmtechnisch so gelöst werden, daß lediglich die aktuelle Programmdatei über E-Mail ausgetauscht wird. Sprechen Sie über diese Möglichkeit mit Ihrem Entwickler.

> ☑ **Kurztip:**
> Achten Sie auf einheitliche Protokollierung – Numerieren Sie Fehler und Seiten – Benutzen Sie gemeinsame Konventionen – Beschreiben Sie Fehler nachvollziehbar – Bewahren Sie den Überblick über bereits verbesserte Fehler – Vermeiden Sie doppelte Fehlermeldungen.

TIP 86 *Wie dokumentieren Sie gefundene Fehler bei Programmtests richtig?*

Die bei den verschiedenen Programmtests gefundenen Fehler müssen einheitlich protokolliert werden und jederzeit mit Ihrem Protokoll nachvollziehbar sein. Dazu müssen sich Entwickler und Tester auf ein *einheitliches Vokabular* einigen. Wichtig ist, daß jeder Bildschirm, jeder Bereich und jede Funktion mit einem einheitlichen Namen belegt wird. Zu diesem Zweck werden im Pflichtenheft für die einzelnen Bereiche und Funktionen Zifferncodes vergeben, deren Aufbau festen Konventionen folgt. Nach diesem Aufbau richtet sich auch die Vergabe der verschiedenen Dateinamen für die angesprochenen Medien. Beispiel: V12_P3.001 steht für das erste (001) Video auf der 12. Seite im 3. Praxisteil. Die gewünschten Konventionen und Bezeichnungen für die Medien wird Ihnen Ihr Dienstleister mitteilen. Wichtig ist lediglich, daß jeder Bereich in Ihrem Programm eindeutig definiert werden kann.

Beschreiben Sie bei einem gefundenen Fehler ganz genau den Navigationsweg und eventuell zusätzlich durchgeführte Aktionen. Notieren Sie gezeigte Fehlermeldungen. Bei Datenbankabfragen kann vom Entwickler zur Kontrolle ein zusätzliches Kontrollfenster im Programm integriert werden, welches später wieder entfernt wird. Damit können Sie zusätzlich überprüfen, ob der richtige Datensatz angezeigt wird. Kontrollieren Sie alle integrierten Medien auch auf Vollständigkeit. Notieren Sie zusätzlich das Datum und die Uhrzeit Ihrer Testergebnisse. Kontrollieren Sie alle verbesserten Mängel anhand Ihres Fehlerprotokolls. Numerieren Sie die gefundenen Mängel und die erstellten Protokollseiten durch. Dadurch finden Sie die betreffende Stelle schneller bei Rückfragen. Notieren Sie sich die Anzahl der gefundenen und verbesserten Fehler.

> ☑ Kurztip:
> Achten Sie auf einheitliche Protokollierung – Numerieren Sie Fehler und Seiten – Benutzen Sie gemeinsame Konventionen – Beschreiben Sie Fehler nachvollziehbar – Bewahren Sie den Überblick über bereits verbesserte Fehler – Vermeiden Sie doppelte Fehlermeldungen.

TIP 87 *Geben Sie die Final-Version erst nach Abschlußtests frei*

Nach der Final- bzw. Master-Version erfolgt bereits der Produktionsschritt für die Vervielfältigung. Bevor Sie die endgültige Version für die weitere Produktion endgültig schriftlich freigeben, sollten Sie *das Endprodukt noch einmal einem intensiven Test* unterwerfen. Der Abschlußtest gibt Ihnen die Sicherheit, auch tatsächlich ein fehlerfreies Produkt produziert zu haben. Lassen Sie sich deshalb genügend Zeit, um einen Abschlußtest zu fahren. Nützen Sie das Produkt für erste interne Vorführungen und überprüfen Sie anhand Ihrer Fehlerprotokolle noch einmal die in den vorangegangenen Tests gefundenen Fehler. Oft wird unter Zeitdruck der eine oder andere Fehler übersehen oder sogar eine älter Programmversion als Endversion übergeben.

Lassen Sie sich die Beseitigung aller zuvor gefundenen und protokollierten Fehler von Ihrem Dienstleister schriftlich bestätigen. Später gefundene Fehler, die zuvor angemahnt wurden, können so genau dokumentiert werden. Der Dienstleister ist verpflichtet, hnen ein fehlerfreies Produkt auszuhändigen, wobei dies in der Praxis nie zu 100% erreicht wird, aber immerhin doch zu 99%. Bei gefundenen Fehlern kommt es in der Regel auf die Fehlergewichtung an. Vertraglich sollten Sie auf jeden Fall eine kostenlose Verbesserung für Fehler einschließen, die innerhalb eines bestimmten Zeitraumes gefunden und gemeldet werden.

Geben Sie die Final-Version erst nach Beseitigung aller noch gefundenen Mängel und der Aushändigung einer neuen Master-Version schriftlich frei. Anschließend können Sie sofort den Auftrag für die Vervielfältigung Ihres Produktes veranlassen. Nachträglich gefundene, schwerwiegende Mängel entbinden den Dienstleister nicht von seiner Vertragspflicht, ein fehlerfreies Produkt zu liefern. (⇒siehe Tip 45)

> ☑ **Kurztip:**
> Geben Sie die Master-Version erst nach intensiven Abschlußtests frei – Überprüfen Sie noch einmal die zuletzt gefundenen Mängel auf Ihre Richtigkeit – Lassen Sie sich alle Fehlerkorrekturen von Ihrem Dienstleister schriftlich bestätigen.

TIP 88 *Produktion und Vervielfältigung – alles aus einer Hand*

Viele Multimedia-Dienstleister bieten einen *Komplett-Service* an. Dieser umfaßt neben der eigentlichen Medienerstellung und Programmierung auch die Vervielfältigung der Produkte, Verpackungen sowie das Gestalten und Texten. Aufgrund der Erfahrungen des Dienstleisters mit dem für Sie relativ neuen Medium sollten Sie diesen Service nutzen.

Lassen Sie sich einige Verpackungskonzepte zeigen. Unterbreiten Sie Ihrem Dienstleister Ihre Wünsche und lassen Sie sich Vorschläge für die Gestaltung der Verpackung zeigen. Die Multimedia-Dienstleister greifen dabei oft auch auf Drittanbieter zurück, die in der Regel Teil ihres Netzwerkes sind. Professionelle Texter und Grafiker sind dabei für die marketinggerechte Verpackung zuständig. Durch die bereits vielfach erprobten Produktionswege können Sie von einem reibungslosen Ablauf der Produktion ausgehen. Haben Sie eine eigene Agentur an der Hand, holen Sie zusätzliche Preisvergleiche und Vorschläge ein.

Lassen Sie sich für die Vervielfältigung der CD-ROM verschiedene Preisstaffelungen geben. Die Auflage und das Äußere diktieren den Einzelstückpreis. Lassen Sie sich einen definitiven Liefertermin von Ihrem Dienstleister geben.

> ☑ **Kurztip:**
> **Nutzen Sie das Netzwerk Ihres Dienstleisters für die Produktion und Verpackung Ihrer CD-ROM – Lassen Sie sich verschiedene Staffelpreise geben – Fixieren Sie einen Liefertermin.**

TIP 89 Was gehört zu einer CD-ROM- bzw. Diskettenverpackung?

Für die Verpackung von Disketten bzw. CD-ROMs haben sich einige *Standards* etabliert. Handelt es sich nicht gerade um eine CD-ROM, die lediglich auf eine Zeitschrift aufgeklebt wird, so sind verschiedene Dinge zu berücksichtigen.

- Die Diskette:

Disketten - eine oder zwei - werden meist in einem Pappumschlag versandt. Der Umschlag dient als Halterung für die Disketten, beinhaltet aber auch eine Kurzübersicht des Produktes sowie eine Installationsanweisung. Machen Sie Ihren Kunden durch einen attraktiv gestalteten Diskettenumschlag auf Ihr Produkt aufmerksam und schaffen Sie einen Installationsanreiz. Nutzen Sie die Rückseite für die Vorstellung Ihrer Firma. Die Innenseite hingegen beschreibt das Produkt. Die Installationsanweisung kann sowohl direkt auf dem Diskettenlabel als auch in der Innenseite untergebracht sein. Denken Sie bei der Gestaltung Ihres Diskettenumschlages an die kostengünstige Möglichkeit der Verteilung über den Postweg.

- Die CD-ROM:

Die CD-ROM wird mit dem Titel, dem Copyright und eventuell mit der Installationsanweisung bedruckt. Die Wahl der Farben ist frei. Gestalten Sie den *CD-ROM-Aufdruck identisch mit der Verpackung* und vergessen Sie nicht Ihr Firmensignet. Die CD-ROM selbst wird in einer Box, dem sogenannten Juwel-Case, aufbewahrt. Hier gibt es Variationen aus Plastik und Karton. Lassen Sie sich Muster zeigen. Vorder- und Rückseite der Kartonbox werden bedruckt, hingegen die Plastikbox mit dem sogenannten Inlett versehen. Das Inlet wird in der Regel vierfarbig gedruckt. Auf der Vorderseite erscheint der Titel. Die Rückseite zeigt eine Kurzbeschreibung und den Hinweis auf Ihre Firma. Gegebenenfalls können hier noch Hard- und Softwarevoraussetzungen, der Copyrightvermerk und eine ISBN-Nummer angebracht werden. Das Frontcover des Inlets ist in der Regel das mit in die Plastikbox eingelegte Handbuch, (Booklet), bestehend aus vier oder auch weitaus mehr Seiten. (⇒siehe Tip 90)

TIP 90 *Was steht in Ihrem Benutzerhandbuch?*

Bei einem gut gemachten Multimedia-Produkt könnte man eigentlich auf ein Handbuch verzichten. Doch gibt es immer einige Anwender, die gerne auf eine Installationsanweisung und die Navigationsanleitung eines Produktes zurückgreifen.
Wichtig bei einem Handbuch ist die ausreichende Bebilderung mit *markanten, zentralen Bildschirminhalten*. Bilden Sie Navigationsschaltflächen und Bildschirmoberflächen als visuelle Hilfe ab und erklären Sie den darin gezeigten Sachverhalt und die Interaktionsmöglichkeiten.

Das Benutzerhandbuch eines Multimedia-Titels hat grundsätzlich einen klassischen Aufbau. *Hier die verschiedenen Abschnitte in ihrer Reihenfolge*
- Hard- und Softwarevoraussetzungen
- Installationsanweisung unter den verschiedenen Hard- und Softwarevoraussetzungen
- Aufruf des Programmes und der zusätzlich mitinstallierten Kleinprogramme
- Beschreibung des Gesamtprogrammkonzepts
- Erläuterung der verschiedenen Navigationsschaltflächen und -möglichkeiten.
- Erläuterungen der Hilfemöglichkeiten
- Erläuterungen der Druck- und Abspeicherfunktionen
- Hinweis auf eventuelle Fehlerquellen und deren Behebung (Dies kann aber auch in einem auf der CD-ROM/Diskette befindlichen README-Text stehen.)
- Hinweis auf die Hotline und die dafür benötigten Angaben
- Eventueller Hinweis auf zusätzliche Produkte.

☑ Kurztip:
Verzichten Sie niemals auf die Hard- und Softwarevoraussetzungen und die Beschreibung der Installation im Handbuch – Fassen Sie sich kurz bei der Formulierung des Programminhaltes und der Navigationsbeschreibung – Lassen Sie Ihren Kunden das Produkt selbst entdecken.

TIP 91 *Wer schreibt das Benutzerhandbuch?*

Das Benutzerhandbuch wird in der Regel ebenfalls vom Dienstleister erstellt und gestaltet. Es wird meist als Film zusammen mit der Master-CD-ROM an die Vervielfältigungsfirma gesandt. Die für Maße und farbliche Gestaltungsmöglichkeiten nötigen Angaben erhält der Dienstleister direkt von der Produktionsstätte. Professionelle Texter schreiben die Anweisungen, und Grafiker entwickeln das gewünschte Layout dazu. Haben Sie sich entschlossen, ein ausführliches Handbuch zu schreiben, dann sollten Sie auch alle Möglichkeiten des Programms beschreiben und keine Funktion auslassen.

Der Dienstleister wird die Systemvoraussetzungen, die Installations- und die Bedienungsanweisungen schreiben und mit den entsprechenden Grafiken versehen. *Welche Philosophie bzw. Intention hinter Ihrem Programm steckt, diese Frage sollten Sie selbst beantworten und den entsprechenden Text dazu erstellen.* Bei einfachen Präsentationsprogrammen und Produktkatalogen beschränkt sich die gesamte Beschreibung auf nur wenige Zeilen. Ausführliche Handbücher empfehlen sich nur bei komplexen Anwendungen, deren Navigation und Struktur einer näheren Erklärung bedarf. Das in der CD-ROM-Verpackung integrierte Booklet ist als Anwendungsbeschreibung ausreichend. Von der Entwicklung eines Handbuches in einem eigenen Format ist abzuraten. Die Hersteller sind davon mittlerweile völlig abgekommen. Denken Sie dabei auch an die Verpackungs- und Versandmöglichkeiten.

Kontrollieren Sie das Benutzerhandbuch auf Vollständigkeit und die richtige Reihenfolge der Bedienungsbeschreibung. Gestalten Sie das Benutzerhandbuch ansprechend und nicht zu textlastig. Ergänzen Sie die Kurzbeschreibung mit markanten Bildschirminhalten und Funktionsschaltflächen. Setzen Sie Fixationspunkte für das Aufsuchen von Stichpunkten. Sprechen Sie den Benutzer stets persönlich an und verwenden Sie wenig Fachbegriffe.

☑ **Kurztip:**
Soft- und Hardwarevoraussetzungen und die Navigation durch das Produkt werden meist vom Dienstleister erstellt – Inhalt und Intention schreibt der Auftraggeber – Fassen Sie sich kurz und visualisieren Sie wichtige Elemente und Bildschirminhalte.

TIP 92 *Ist eine Hotline für Ihr Produkt wichtig?*

Die Frage sollte vielleicht folgendermaßen gestellt werden: *Benötigt Ihr Kunde eine Hotline?* Da Sie in erster Linie kundenorientiert denken, ist eine Hotline auf jeden Fall wichtig. Allein der auf der Verpackung oder auf dem Produktlabel angebrachte Hinweis auf eine Hotline gibt Ihrem Kunden die nötige Sicherheit, jederzeit Hilfe angeboten zu bekommen. Geben Sie Ihrem Kunden die Möglichkeit, bei Problemen einen Ansprechpartner zu finden. Stellen Sie Ihre Hotline kostenlos zur Verfügung und zeigen Sie dies Ihrem Kunden.

Bei einfachen Präsentationsprogrammen und Produktkatalogen wird die Hotline kaum in Anspruch genommen werden. Erst bei steigender Wertigkeit Ihres Produktes wird der Nutzer sein Recht auf die angebotene Hotline schneller in Anspruch nehmen. Mit anderen Worten: *Je teurer ein Produkt, desto intensiver die Nutzung der Hotline.* Selbstverständlich ist die Hotline-Frequenz vorwiegend von der Qualität Ihres Produktes, den gegebenen Hilfen und der Marktverbreitung abhängig. Unvollständige Installationsanweisungen und mangelnde Hinweise bei Sonderfällen führen zur häufigen Hotline-Nutzung. Ein wenig sorgfältig durchgeführter Beta-Test steigert Ihre Hotline-Nutzung und verärgert zudem Ihre Kunden. Machen Sie Ihren Kunden nicht zum Beta-Tester!

Geben Sie Ihren Kunden die Möglichkeit einer kostenlosen Hotline-Nutzung durch die Zusendung eines Registrierformulars. Damit erhalten Sie gleichzeitig eine neue Kundenadresse und haben zugleich eine Instrument zur Abfrage bei Anrufen. Denn nur registrierte Nutzer erhalten kostenlose und sofortige Hotline-Unterstützung.

☑ **Kurztip:**
Stellen Sie auf jeden Fall eine Hotline zur Verfügung – Geben Sie Ihren Kunden ein Service- und Sicherheitsgefühl – Lassen Sie Ihren Kunden für das Hotline-Angebot registrieren.

TIP 93 *Wer ist für Ihre Hotline verantwortlich?*

Da es sich bei Fragen zum Produkt meist um technische Fragen und kaum um Fragen inhaltlicher Art handelt, sollte die Hotline zunächst auch bei Ihrem Dienstleister liegen. Das Angebot zur Hotline wird in diesem Fall mit in das Pflichtenheft und in den Vertrag übernommen. Klären Sie die Möglichkeiten der Hotline im Vorfeld ab. Wenn Sie eine Person in Ihrem Unternehmen für diese Tätigkeit abstellen, die technisches Know-how und Instruktionen vom Dienstleister erhält, so können Sie Ihre eigene Hotline installieren. Natürlich wird diese Aufgabe keinen eigens dafür eingerichteten Arbeitsplatz in Anspruch nehmen.

Die Hotline beim Dienstleister sollte zunächst auf einen kürzeren Zeitraum beschränkt werden. *Alle eingegangenen Anrufe werden dabei registriert und die genannten Probleme und Fragen aufgezeichnet.* Nach dieser Phase setzen sich Dienstleister und Auftraggeber zusammen und analysieren die aufgetretenen Fragen und Probleme. Anschließend sollte über eine neue Hotline-Regelung und gegebenenfalls über ein Produkt-Update nachgedacht werden.

Meist wird für die Hotline eine eigene Nummer oder eine Sammelnummer zur Verfügung gestellt. Klären Sie bei Anfragen stets zuerst die vorhandene Hard- und Softwareplattform beim Kunden. Falls Sie das Problem nicht sofort lösen können, garantieren Sie Ihrem Kunden einen Rückruf mit eventueller Fehlerbeseitigung innerhalb der nächsten Stunden. Zusätzliche Hilfen wie E-Mail und Fax-Support sind durchaus möglich.

> ☑ **Kurztip:**
> **Installieren Sie eine Hotline, wenn möglich bei Ihrem Dienstleister – Lassen Sie alle Anfragen protokollieren – Garantieren Sie Ihrem Kunden sofortige Hilfe – Bei einer Hotline im eigenen Haus lassen Sie sich bei technischen Problemen von Ihrem Entwickler unterstützen.**

TIP 94 *Übernimmt der Dienstleister eine Gewährleistung?*

Je umfangreicher ein Multimedia-Projekt, desto intensiver und umfangreicher müssen auch die Programmtests vor der eigentlichen Freigabe durchgeführt werden. Oft werden kleine Schönheitsfehler und Programmfehler nur durch Zufall entdeckt. Besonders, wenn die Testphase aufgrund eines Ausliefertermins zu kurz veranschlagt wurde, besteht diese Gefahr. Dies umsomehr, als es für Sie schwer ist, alle Variationen eines Programmes zu testen. *Nicht gefundene Fehler Ihrerseits entbinden den Dienstleister freilich nicht von seiner Pflicht, ein fehlerfreies Produkt auszuliefern.*

Für den Fall, daß nach der eigentlichen Produktvervielfältigung noch schwerwiegende Fehler oder gehäuft Programmfehlverhalten auftreten, können Sie mit Ihrem Dienstleister eine sogenannte Gewährleistung vereinbaren. Die Gewährleistungsvereinbarung wird mit in den Projektvertrag aufgenommen. Sie legen fest, in welchem Zeitraum eventuelle Fehler noch gefunden werden können und darin beseitigt werden müssen. Dabei wird gemeinsam der Grad der bis dahin gefundenen Fehler begutachtet und anschließend darüber entschieden, ob eine Korrektur notwendig ist. Bei schwerwiegenden Fehlern können eventuelle Produktionskosten auch zu Lasten des Dienstleisters gehen.

In der Regel wird für das Sammeln möglicher Fehler ein Zeitraum zwischen ein bis zwei Monaten veranschlagt. Alle bei der Hotline bis dahin eingegangenen Mängel werden gesichtet und diskutiert. Der Dienstleister soll dann innerhalb eines Zeitraums von zwei bis drei Wochen diese Fehler beseitigen. Oft wird dieser Vorgang nur bei wirklich schwerwiegenden Fehlern durchgeführt. Bei grafischen Schönheitsfehlern oder eventuell nachträglich gefundenen Rechtschreibfehlern lohnt dieser Aufwand nicht.

> ☑ Kurztip:
> Vereinbaren Sie mit Ihrem Dienstleister feste Konditionen für eine Gewährleistung – Schwerwiegende Fehler müssen umgehend beseitigt werden und fordern eine Produktneuauflage.

TIP 95 *Zum Projektabschluß gehört ein Abschlußgespräch*

Nach dem Abschluß eines Projektes sollten Sie sich noch einmal mit Ihrem Dienstleister zusammensetzen und eine Projektreflexion durchführen. Leider ist dies nach den wenigsten Multimedia-Projekten anzutreffen, doch tragen diese *Gesprächsrunden zu einem positiven Abschluß für beide Parteien* bei. Diese Aussprache ist auch dann sehr fruchtbar, wenn während des Projektes nicht alles so verlief, wie es das Projektmanagement geplant hatte.

Sie sollten dieses Gespräch nützen, um die verschiedenen Phasen des Projektes noch einmal zu bewerten. Positives und Negatives sollen dabei sachlich erörtert, gemeinsame Verbesserungsvorschläge sollen gesammelt bzw. die gefundenen Lösungswege noch einmal aufgezeigt werden. Auch wenn Sie mit Ihrem Dienstleister vorerst kein Folgeprojekt mehr durchführen werden, dient dieses Gespräch zur allgemeinen Projektwertung und inneren, positiven Bestätigung eines Projektabschlusses. Oft können so entstandene Planungsfehler und Mißverständnisse geklärt werden. Für Folgeprojekte können auf diese Weise wichtige neue Anregungen entstehen.

> ☑ Kurztip:
> Führen Sie nach einem Projektabschluß ein Gespräch mit Ihrem Entwicklungspartner durch – Nutzen Sie eine gelöste Atmosphäre, um Positives und Negatives deutlich herauszustellen.

TIP 96 *Nutzen Sie in ihr Produkt integrierte Feedback-Möglichkeiten*

Neben den allgemeinen Produktvorstellungen und -bewertungen in Fachzeitschriften werden Sie kaum in den Genuß kommen, die Kundenzufriedenheit Ihrem Produkt gegenüber unmittelbar feststellen zu können. Anwendungsberichte sagen darüber nur einen Bruchteil aus. Nutzen Sie deshalb die Chance, Feedback-Möglichkeiten in Ihr Produkt zu integrieren. Über diese Möglichkeit erhalten Sie zusätzliche Nutzerinformationen. Dem Anwender wird dabei die Gelegenheit gegeben, seine Meinung zum Produkt zu äußern. Mit einem Fragebogens, z.B. gekoppelt an ein Preisausschreiben, schaffen Sie einen solchen Anreiz.

So erhaltenes Feedback hilft Ihnen, Ihr Produkt besser zu beurteilen. Nutzen Sie die Vorschläge als Anregung für Verbesserungen, eventuelle Updates oder ein Folgeprodukt. Wichtig für ein erfolgreiches SoftwareProdukt ist die richtige *Akzeptanz bei Kunden*. Sehen Sie geäußerte Kritik als Hilfe auf dem Weg zum kundenorientierten Produkt.

Folgende Formen des Feedbacks können Sie in Ihr Produkt einbinden:
- Beigefügte Antwortkarte mit Fragen zum Produkt
- Fragebogen direkt zum Ausdrucken
- Online-Umfrage
- Fax-Umfrage
- Telefonumfrage nach Einwilligung
- Umfrage gekoppelt mit individueller Belohnung (Preisausschreiben)

☑ **Kurztip:**
Integrieren Sie Feedback-Möglichkeiten als Messinstrument für Kundenzufriedenheit – Schaffen Sie Motivation für das Einsendung der Kundenbefragungen.

TIP 97 *Das Internet: Chancen für das digitale Marketing*

Der Internet-Markt ist derzeit der größte expandierende Markt im DV-Bereich. Es herrscht Goldgräberstimmung im weltweiten Netz. Alle namhaften Agenturen versuchen derzeit, den digitalen Markt in ihr Angebot aufzunehmen. Nutzen Sie jetzt die Chance für das digitale Marketing.

Hierzu einige Tips:

Präsentieren Sie Ihr Unternehmen und Ihre Produkte im Internet. Lassen Sie sich Ihre eigene *Homepage* einrichten. Möchten Sie noch nicht sofort in das Internet einsteigen, dann reservieren Sie sich rechtzeitig Ihren Firmennamen im weltweiten Netz. Da die Netzadressen (Domain) sehr schnell vergeben werden und auch begrenzt sind, sollten Sie sich Ihren Adreßnamen sichern. Kaufen Sie Werbeseiten in hochfrequentierten Web-Seiten. Lassen Sie sich zuvor die genauen „Besucherzahlen" geben. Tragen Sie das Angebot Ihrer Firma und markante Punkte Ihrer Firmen-Homepage in möglichst viele Suchmaschinen ein. Diesen Dienst können Sie direkt im Netz für geringes Endgeld zentral nutzen. Steigen Sie langsam ein in den digitalen Netzmarkt.

Sind Sie bereits im Internet, dann machen Sie das bekannt. Bedrucken Sie Briefbögen, Visitenkarten und Broschüren mit Ihre Homepage-Adresse. Je breiter Sie Ihre Adresse streuen, desto höher wird Ihre Besucherfrequenz im Netz sein. Aktualisieren Sie Ihre Seiten in regelmäßigen Abständen. Neuigkeiten sollten Sie innerhalb von ein bis drei Wochen updaten. Zwar werden derzeit noch wenige Geschäfte im deutschsprachigen Raum direkt über das Netz getätigt, doch wächst dieser Markt. Bieten Sie auch im Netz Ihren Kunden einen Anreiz. Gestalten Sie Preisausschreiben, versenden Sie Demo-Programme oder Infobroschüren. Bieten Sie einen kostenlosen Newsletter-Service in Form von wöchentlichen aktuellen Firmennachrichten an. Lassen Sie keine Chance ungenutzt, die der Zufriedenheit Ihres Kunden dient.

☑ **Kurztip:**
Präsentieren Sie Ihr Unternehmen im Internet – Reservieren Sie rechtzeitig über einen Internet-Provider eine Adresse mit Ihrem Firmennamen – Aktualisieren Sie Ihre Internet-Seiten regelmäßig.

TIP 98   Ihr Auftreten im Netz – wer weiß davon?

Das Internet ist ein weltweites Datennetz; nicht unberechtigterweise wird es auch mit einem Datendschungel verglichen Es ist daher sehr wichtig, daß Sie Ihre Internet-Präsenz auch nach außen hin kommunizieren und allen Kunden und Nichtkunden mitteilen. Dafür gibt es mehrere Möglichkeiten.

Auf jeden Fall muß Ihre Internet-Adresse in Verbindung mit Ihrem Firmennamen gebracht werden. Dazu sollte Ihre Adresse auch den Namen Ihres Unternehmens tragen. Oft ist dies nicht möglich, da die dafür benötigte Domain bereits vergeben ist. Suchen Sie dann nach einem Ihrem Unternehmen eindeutig zuzuordnenden Begriff.

Kommunizieren Sie diese Adresse so oft wie möglich. Neben den bereits beschriebenen Möglichkeiten auf Visitenkarten, Briefbögen und Firmenbroschüren sollten Sie auch auf Messen Ihre Internet-Adresse groß präsentieren. Werbegeschenke tragen neben Ihrer Firmenadresse auch den Aufdruck Ihrer Internet-Homepage. Lassen Sie keine Möglichkeit offen, Ihre Adresse zu veröffentlichen. Drucken Sie die Internet-Adresse auf jedes Ihrer Produkte. In spätestens zwei Jahren wird die Internet-Adresse mit Ihrer E-Mail genauso wichtig werden wie heute Ihre Faxnummer.

Lassen Sie Ihre Firma und die Adresse Ihrer Homepage in alle wichtigen Suchmaschinen im Netz eintragen. Sammeln Sie dazu eindeutige und aussagekräftige Schlagwörter, die bei einer Netzsuche auf Ihre Internet-Seiten verweisen.

> ☑ **Kurztip:**
> **Kommunizieren Sie Ihre Internet-Adresse so oft wie möglich – Betrachten Sie das Internet als wichtiges Kommunikations- und Marketing-Instrument.**

TIP 99 *Online richtig eingesetzt - einige Möglichkeiten*

Die Einsatzmöglichkeiten des Internets stehen derzeit noch am Anfang Ihrer Entwicklung. Doch läßt sich bereits jetzt ein Trend von der einfach gestalteten Homepage mit einigen Verzweigungsmöglichkeiten zu komplexen, datenbankunterstützten Anwendungen ausmachen. Unterstützt durch Multimedia-Elemente können daraus interessante Marketing-Anwendungen entstehen. Wie bei einem Multimedia-Projekt, so muß auch für Internet-Anwendungen ein Konzept entwickelt werden. Um Ihnen auch den Einstieg ins Netz ein wenig schmackhaft zu machen, hier einige Tips und Anregungen für einfache marketingorientierte Umsetzungen von Internet-Anwendungen:

- Der tägliche, wöchentliche oder monatliche Kunden-Newsletter: Beliefern Sie Ihren Kunden mit einer regelmäßigen digitalen Zeitschrift.
- Versendung von besonderen Einladungskarten zu speziellen Firmenveranstaltungen und Messen: Fragen sie Ihren Kunden nach seiner E-Mail-Adresse.
- Gutscheine für Werbegeschenke an eingetragene Nutzer Ihrer Internet-Dienste: Schaffen Sie einen produktinteressierten virtuellen Kundenadreßstamm, den Sie regelmäßig online beliefern.
- Bestellmöglichkeiten von Testprodukten über online: Schaffen Sie die Möglichkeit, Testprodukte, Firmenbroschüren und Produktinformationen auch online zu bestellen – Bedienen Sie Ihre Kunden schnell und überprüfen Sie mehrmals täglich Ihre Mail-box.
- Hotline-Service online: Bieten Sie Ihren Kunden einen kostenlosen Hotline-Service an und schaffen Sie ein Forum von Interessengemeinschaften in Ihren Internet-Seiten.
- Zusatzinformationen für Stammkunden: Beliefern Sie Ihre Stammkunden mit Zusatzinformationen und Sondermitteilungen im Netz – Pflegen Sie Ihre Internet-Kontakte.
- Bestellmöglichkeiten online: Geben Sie Auskunft über das Vorhandensein des Produkts und der vorgesehenen Lieferzeit.

Mindmaps und Checklisten für Ihr Multimedia-Projekt

Die im folgenden vorgestellten mindmaps und Checklisten fassen die vorangegangenen Multimedia-Tips noch einmal thematisch zusammen. Die Checklisten sind dabei folgendermaßen aufgebaut: Zu jedem der sechs Themen (Rechtliches, Organisation/Planung, Projektablauf, Gestaltung/ Wahrnehmung, Technik, Marketing/Kundenservice) wird Ihnen eine wichtige Kernfrage gestellt. Mit Hilfe dieses Fragenkataloges lassen sich einzelne Projektabschnitte schneller überdenken und vorbereiten.

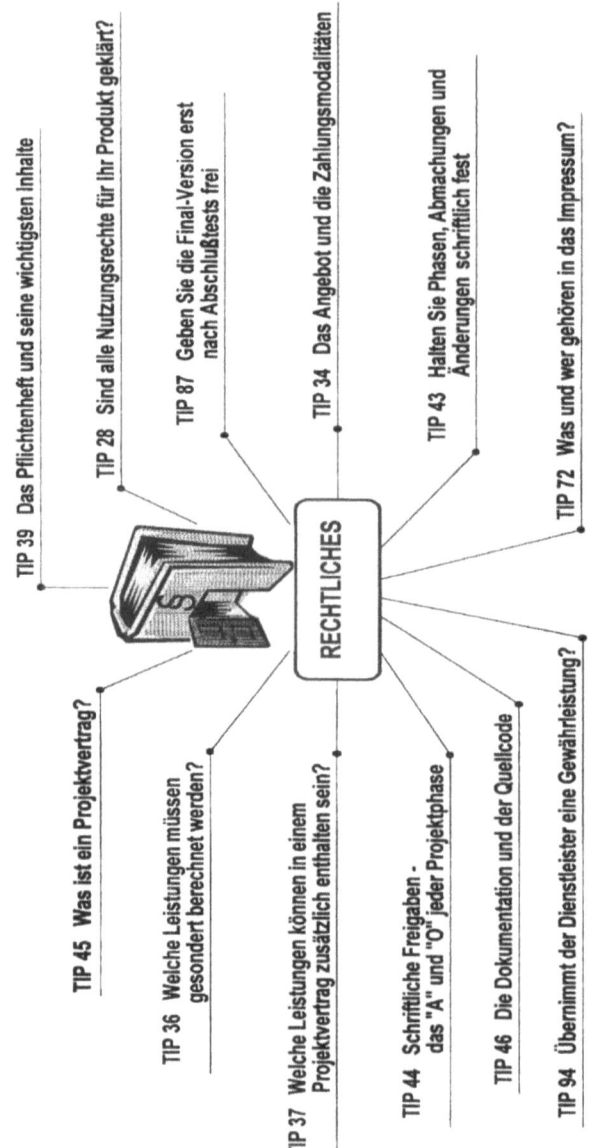

Abb. 8: *TIP-Überblick zum Thema „Rechtliches"*

Mindmaps und Checklisten für Ihr Multimedia-Projekt   159

Checkliste zum Thema „Rechtliches":

Frage:	JA	NEIN	TIP
Sind alle Nutzungsrechte Ihrer Medien geklärt?			28
Sind Ihnen Angebotsphase und Zahlungsmodaliät für ein digitales Produkt geläufig?			34
Haben Sie zusätzliche Leistungen bei Ihrer Budgetierung eingeplant?			36
Haben Sie zusätzlich zu berechnende Leistungen mit Ihrem Dienstleister abgeklärt?			37
Kennen Sie die wichtigsten Inhalte eines Pflichtenheftes?			39
Haben Sie einen Abschlußtest für die Endversion eingeplant?			87
Gibt es eine Regelung für die schriftliche Protokollierung von Abmachungen und Änderungen?			43
Arbeiten Sie mit schriftlichen Freigaben?			44
Kennen Sie die wichtigsten Punkte eines Projektvertrages?			45
Werden Ihnen Quellcode und Dokumentation nach der Entwicklung ausgehändigt?			46
Haben Sie ein Impressum vorgesehen?			72
Haben Sie eine Gewährleistungsvereinbarung mit Ihrem Entwickler getroffen?			94

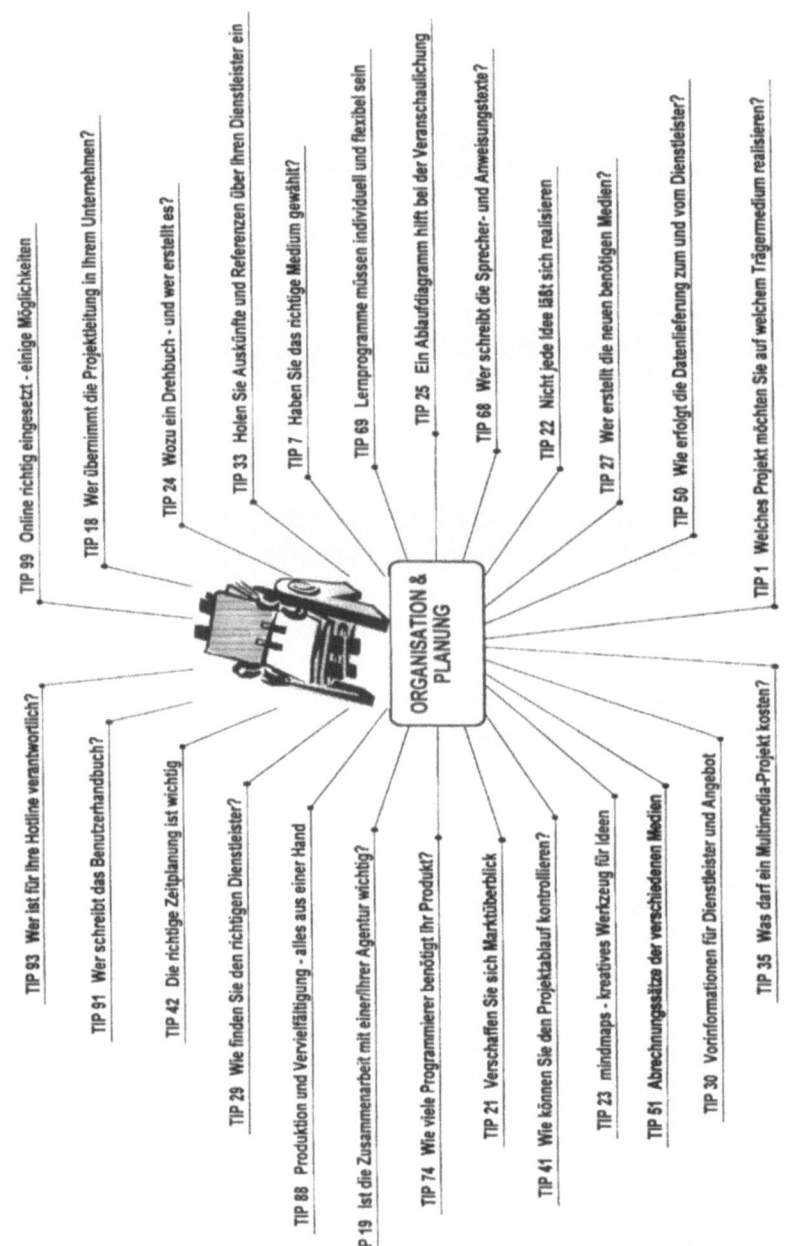

Abb. 9: *TIP-Überblick zum Thema "Organisation und Planung"*

Mindmaps und Checklisten für Ihr Multimedia-Projekt 161

Checkliste zum Thema „Organisation und Planung":

Frage:	JA	NEIN	TIP
Haben Sie Ihre Entscheidung für das richtige Projekt bereits getroffen?			1
Haben Sie das richtige Medium gewählt?			7
Gibt es eine eindeutige Projektleitung?			18
Haben Sie für das digitale Medium die Zusammenarbeit mit Ihrer PR-Agentur geplant?			19
Haben Sie sich bereits einen Marktüberblick verschafft?			21
Sind Ihre Ideen für die Umsetzung realistisch?			22
Benützen Sie ein kreatives Werkzeug für die Ideenentwicklung Ihres Produktes?			23
Ist für Ihr Produkt ein Drehbuch erforderlich?			24
Setzen Sie ein Ablaufdiagramm zur Veranschaulichung der Navigationswege ein?			25
Müssen Sie neue Medien erstellen lassen?			27
Suchen Sie noch nach dem richtigen Dienstleister?			29
Möchten Sie Ihrem Dienstleister Vorabinformationen für das erste Gespräch zukommen lassen?			30
Haben Sie Auskünfte und Referenzen über Ihren Dienstleister eingeholt?			33
Können Sie die Kosten für ein digitales Projekt richtig einschätzen und wie hoch ist Ihr Budget?			35
Kontrollieren Sie den Projektablauf?			41
Sind Sie mit Ihrer Zeitplanung zufrieden?			42
Haben Sie die Wege der Datenlieferung besprochen und fest vereinbart?			50
Werden die Medien gesondert berechnet und die Preise einzeln aufgeführt?			51
Werden die Sprecher- und Anweisungstexte von professionellen Textern erstellt?			68
Ist Ihr Lernprogramm individuell und flexibel genug konzipiert?			69
Wird Ihnen ein direkter Ansprechpartner in der Programmierabteilung zur Verfügung gestellt?			74

Liegen Produktion und Vervielfältigung allein in der Hand Ihres Dienstleisters?			88
Sind die Texte im Benutzerhandbuch professionell geschrieben?			91
Übernimmt Ihr Dienstleister die Hotline?			93
Sind Ihnen die verschiedenen Möglichkeiten für den Internet-Einsatz bekannt?			99

Mindmaps und Checklisten für Ihr Multimedia-Projekt 163

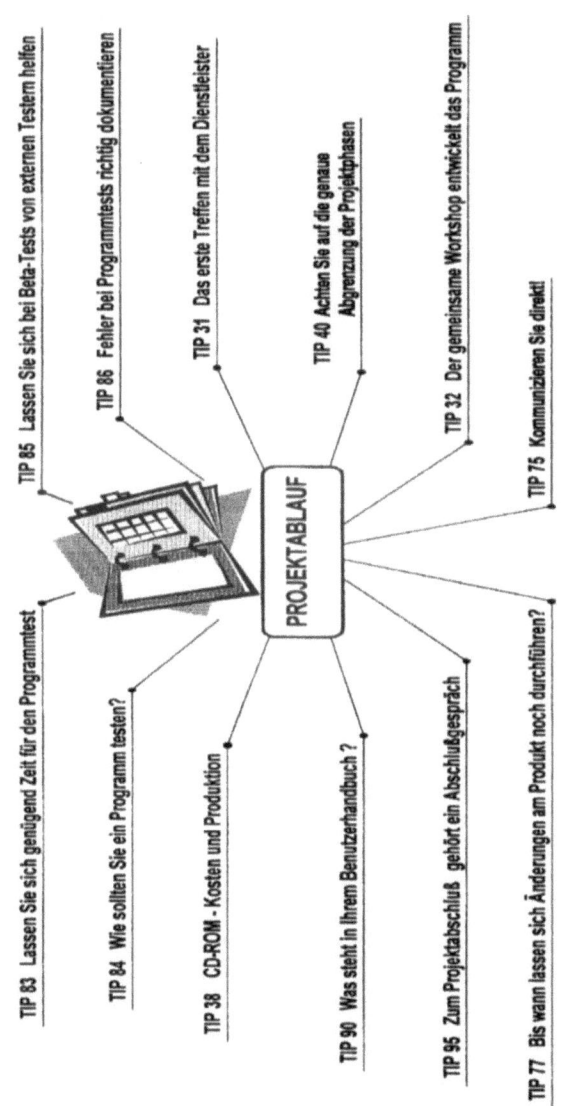

Abb. 10: *TIP-Überblick zum Thema „Projektablauf"*

Checkliste zum Thema „Projektablauf":

Frage:	JA	NEIN	TIP
Sind Sie vorbereitet für das erste Treffen mit Ihrem voraussichtlichen Dienstleister?			31
Planen Sie einen gemeinsamen Workshop für die Konzeption Ihres digitalen Produktes?			32
Sind Ihnen Produktionswege und -kosten für die CD-ROM bekannt?			38
Sind alle Projektphasen genau abgestimmt?			40
Sind Ihre Kommunikationswege geregelt?			75
Planen Sie Änderungen während der Produktentwicklung?			77
Haben Sie ausreichend Zeit für die Programmtests eingeplant?			83
Haben Sie ein Programmtestverfahren mit dem Entwickler vereinbart?			84
Setzen Sie externe Programmtester ein?			85
Arbeiten Sie bei der Fehlerprotokollierung nach einem Standard?			86
Ist Ihr Benutzerhandbuch verständlich geschrieben und vollständig?			90
Haben Sie ein Projektabschlußgespräch eingeplant?			95

Mindmaps und Checklisten für Ihr Multimedia-Projekt

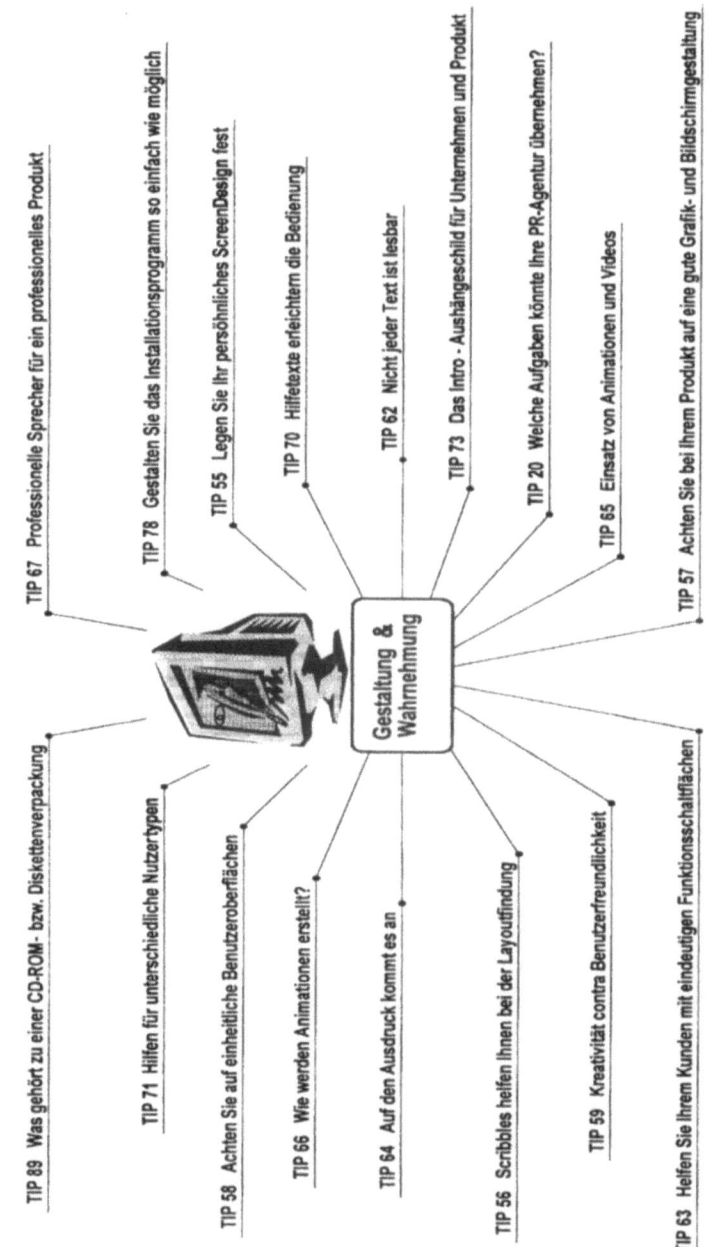

Abb. 11: *TIP-Überblick zum Thema „Gestaltung und Wahrnehmung"*

Checkliste zum Thema „Gestaltung und Wahrnehmung":

Frage:	JA	NEIN	TIP
Möchten Sie Ihre PR-Agentur in die Produktentwicklung einbeziehen?			20
Suchen Sie noch nach dem passenden Layout für Ihre Bildschirmoberflächen?			55
Setzen Sie Scribbles für Entwicklung Ihrer Layouts ein?			56
Sind Sie mit der Qualität der Grafiken und Bilder zufrieden?			57
Sind Ihre Bildschirmoberflächen einheitlich gestaltet?			58
Sind Ihre Bildschirmoberflächen ansprechend und leicht verständlich?			59
Sind Ihre Bildschirmtexte gut leserlich?			62
Sind die Navigationsschaltflächen leicht verständlich?			63
Gibt es Ausdrucksmöglichkeiten in Ihrem Produkt?			64
Haben Sie Animationen und Videos integriert?			65
Sind Ihnen Entwicklung und Kosten von Animationen bekannt?			66
Setzen Sie professionelle Sprecher in Ihrem Produkt ein?			67
Setzen Sie Hilfetexte für die Bedienung ein?			70
Bieten Sie unterschiedliche Hilfen für unterschiedliche Programmnutzer an?			71
Startet Ihr Programm mit einem ansprechenden Intro?			73
Ist Ihr Installationsprogramm ansprechend und einfach zu bedienen?			78
Sind Ihre CD-ROM und Diskettenverpackung vollständig?			89

Mindmaps und Checklisten für Ihr Multimedia-Projekt 167

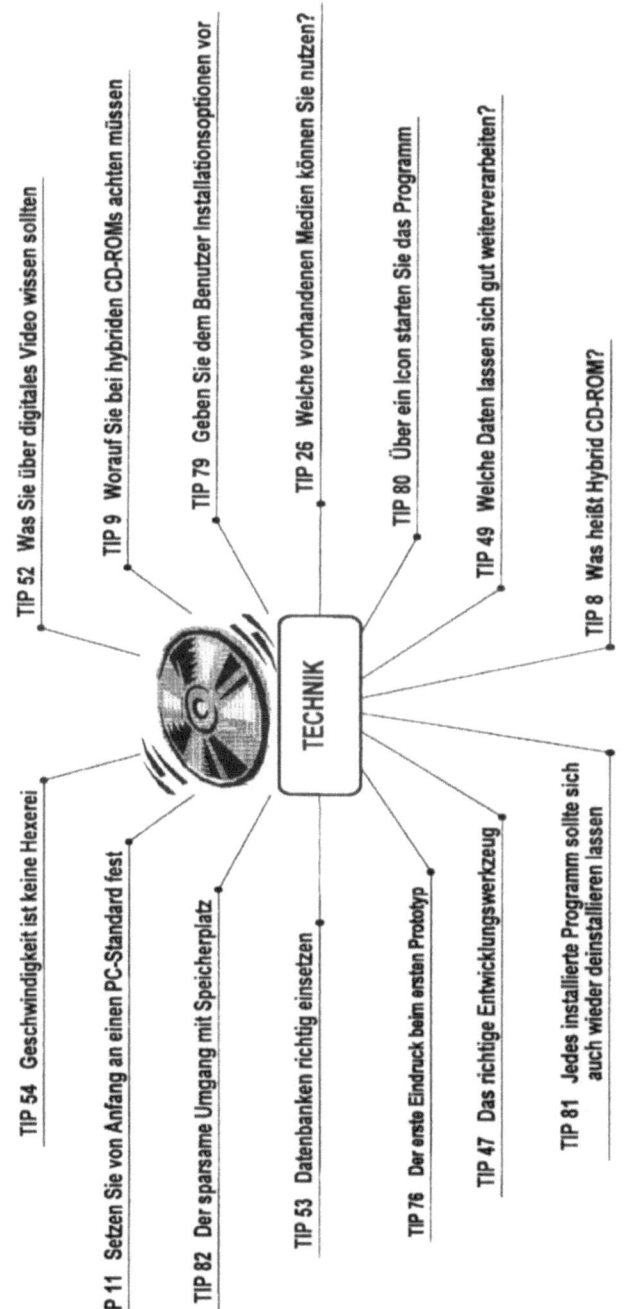

Abb. 12: *TIP-Überblick zum Thema „Technik"*

Checkliste zum Thema „Technik":

Frage:	JA	NEIN	TIP
Verstehen Sie den Begriff hybride CD-ROM?			8
Möchten Sie mehr über hybride Anwendungen erfahren?			9
Haben Sie einen PC-Standard festgelegt?			11
Können Sie bereits vorhandene Medien nutzen?			26
Kennen Sie die Entwicklungswerkzeuge Ihres Dienstleisters?			47
Liegen Ihre Daten digital vor und können diese direkt weiterverarbeitet werden?			49
Planen Sie den Einsatz von Videosequenzen?			52
Soll Ihr Produkt mit einer Datenbank arbeiten?			53
Ist eine Absprache für Zugriffszeiten und das Geschwindigkeitsverhalten getroffen worden?			54
Sieht Ihr Dienstleister einen Prototypen vor?			76
Sind in Ihrem Installationsprogramm Optionen vorgegeben?			79
Ist Ihr Startsymbol einprägsam und verständlich?			80
Kann Ihr Programm einfach deinstalliert werden?			81
Kann Ihr Produkt auch von der CD-ROM direkt gestartet werden und/oder belegt es viel Speicherplatz auf der Festplatte?			82

Mindmaps und Checklisten für Ihr Multimedia-Projekt 169

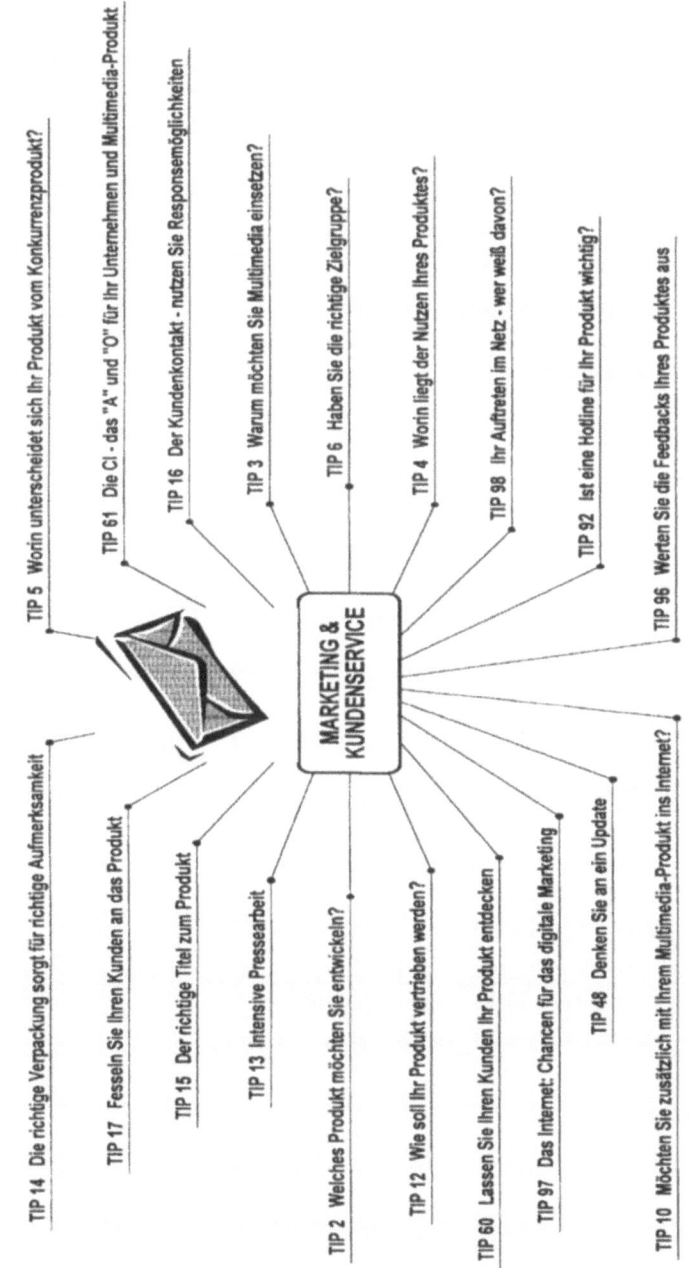

Abb. 13: *TIP-Überblick zum Thema „Marketing und Kundenservice"*

Checkliste zum Thema „Marketing und Kundenservice":

Frage:	JA	NEIN	TIP
Ist Ihnen die Intention Ihres Produktes klar?			2
Sind Ihnen die verschiedenen Einsatzmöglichkeiten von Multimedia bekannt?			3
Ist der Adressat Ihres Produktes eindeutig?			4
Haben Sie Produkte Ihres Mitbewerbers studiert?			5
Sind Sie sich über Ihre Zielgruppe im Klaren?			6
Möchten Sie zusätzlich mit Ihrem Multimedia – Produkt ins Internet?			10
Sind Ihnen die Vertriebswege für Ihr digitales Produkt vertraut?			12
Betreiben Sie intensive Öffentlichkeitsarbeit?			13
Haben Sie die richtige Verpackung für Ihr Produkt bereits gefunden?			14
Suchen Sie noch nach einem Produkttitel?			15
Haben Sie an den direkten Kundenkontakt in Ihrem Produkt gedacht?			16
Möchten Sie Ihren Kunden für etwas gewinnen und ihn richtig überzeugen?			17
Planen Sie ein Update?			48
Kann Ihr Kunde etwas Besonderes in Ihrem Produkt entdecken?			60
Finden Sie die CI Ihres Unternehmens in Ihrem digitalen Produkt wieder?			61
Planen Sie eine Hotline für Ihr Produkt?			92
Werten Sie Rückmeldungen für Ihr Produkt aus?			96
Planen Sie zusätzlich einen Einsatz im Internet?			97
Ist Ihre Internet-Präsenz Ihren Kunden bekannt?			98

Anhang:
Zahlen und Statistiken

Die folgenden Statistikdiagramme sollen Ihnen den Markt und die Einsatzmöglichkeiten von Multimedia etwas transparenter visualisieren. Ich danke dem HighText-Verlag, der mir die folgenden Grafiken freundlicherweise zur Verfügung stellte; sie sind alle aus dem Informationsdienst multiMEDIA entnommen:

Abb 14: *Hardware-Ausstattung in deutschen Haushalten*[18]

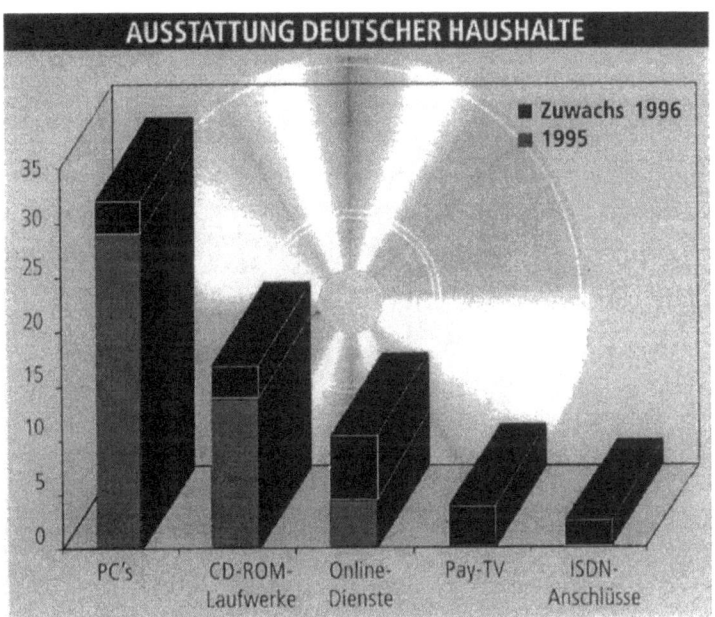

Die Zahl der Online-Zugänge stieg 1996 gegenüber dem Vorjahr am stärksten an.

---

[18] Vgl. multiMEDIA 5/97, S.4

Abb. 15: *CD-ROM-Titel auf dem Weltmarkt*[19]

Abb. 16: *Werbung auf CD-ROM*[20]

---

[19] Vgl. multiMEDIA 8/96, S.8
[20] ebd.

Zahlen und Statistiken 173

Abb. 17: *Der CD-ROM-Markt*[21]

Der CD-ROM-Markt wächst sowohl in Deutschland als auch international

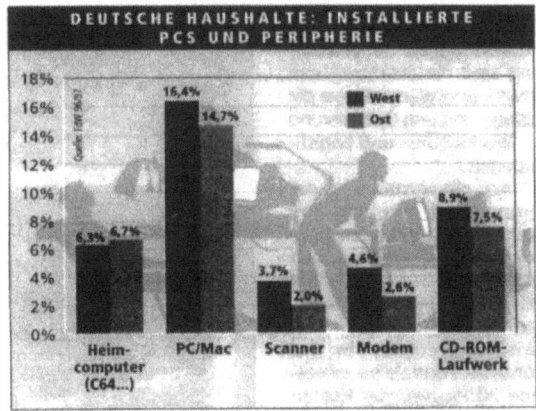

Knapp neun Prozent der West- und 7,5 Prozent der Osthaushalte besitzen ein CD-ROM-Laufwerk, die Modemzahlen sind nur halb so hoch

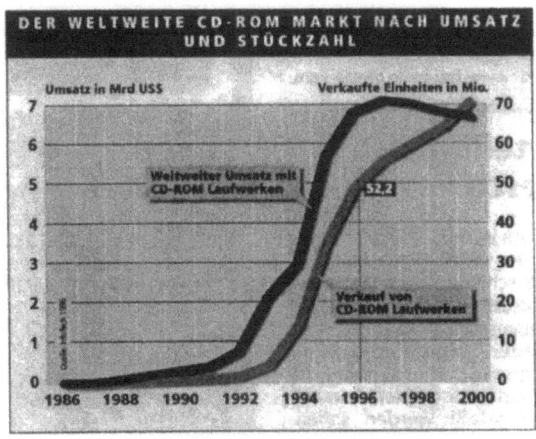

Weltweit steigt die Zahl der verkauften CD-ROM-Laufwerke bis 2000 gleichzeitig sinkt durch den Preisverfall der Gesamtumsatz auf 70 Millionen an

---

[21] Vgl. multiMEDIA 10/96, S.12

Abb. 18: *Die verschiedenen Plattformen*[22]

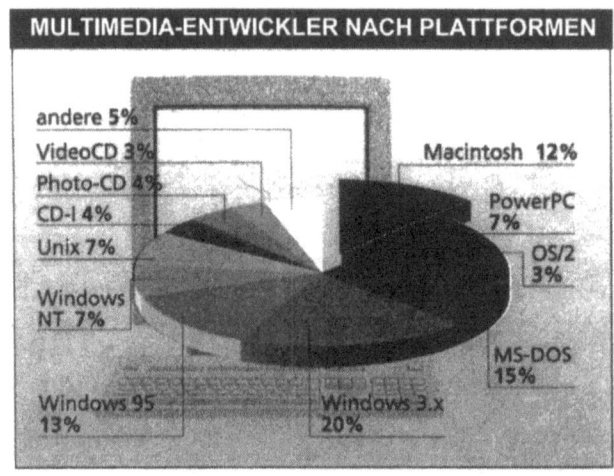

Abb. 19: *Hybride CD-ROM*[23]

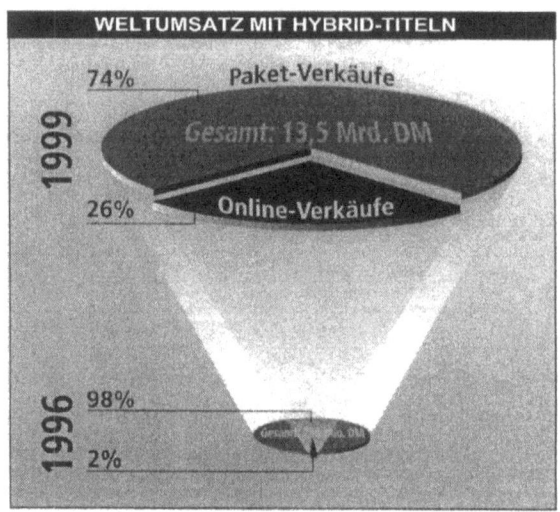

---

[22] Vgl. multiMEDIA 3/96, S.1
[23] Vgl. multiMEDIA 2/97, S.11

Zahlen und Statistiken 175

Abb. 20: *Multimedia-Projektvergabe*[24]

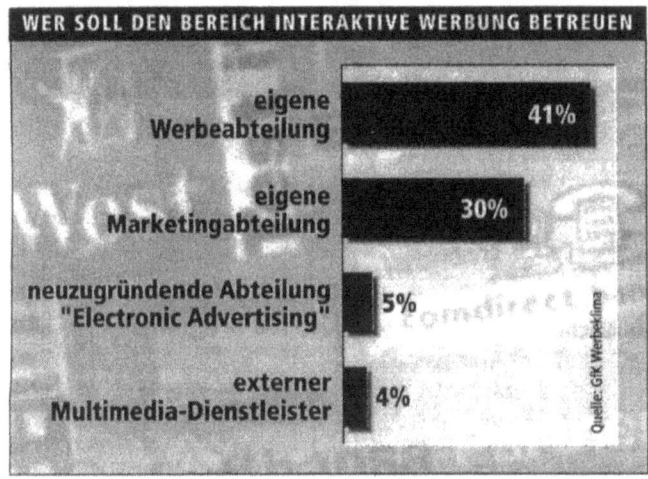

Interaktive Werbung soll nach dem Willen der Werbeleiter in
der eigenen Abteilung bleiben

Abb. 21: *Vergleich CD-ROM / ONLINE*[25]

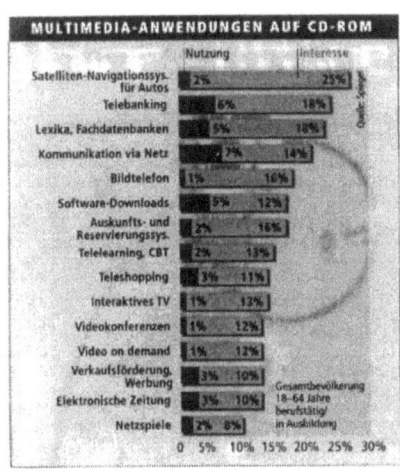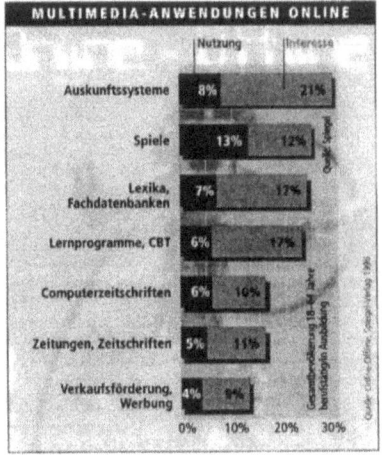

---

[24] Vgl. multiMEDIA 10/96, S.9
[25] Vgl. multiMEDIA 12/96, S.5

Literatur

T. Cole (Hrsg.): Internet Praxis - Der Wegweiser für das größte Datennetz der Welt; Ulm: Neue Mediengesellschaft – Loseblatt-Sammlung; Grundwerk inkl. 6. Aktualisierung, März 1997.

W. Dreyer/H. Summa (Hrsg.): Internet Business – Online-Marketing, Electronic Commerce und Intranet, Augsburg, Interest Verlag – Loseblatt-Sammlung; Grundwerk inkl. Aktualisierung, März 1997.

J. Graf/D. Treplin (Hrsg.): Multimedia – Das Handbuch für interaktive Medien; Augsburg, Interest Verlag – Loseblatt-Sammlung; Grundwerk inkl. 1. Aktualisierung Mai 1997.

G. Greff/S. Gottschling/J. Schlieszeit: cd*phone* – Telefonmarketing – Training mit Multimedia, Stadtbergen, mindmedia GmbH – Institut für multimediale Kommunikation, 3. Auflage 1996.

HighText-Verlag: Honorarleitfaden 1997/98, München 1997.

HighText-Verlag: multiMEDIA – Informationsdienst für Medienintegration und der Abonnenten-Schnelldienst „multiMEDIA Telegramm", erscheint im Wechsel alle 14 Tage; verwendete Ausgaben 1/96 – 5/97.

M. Kirckhoff: Mind-Mapping – Die Synthese vom sprachlichen und bildhaften Denken, Berlin 1989.

N. Negroponte: Total digital – Die Welt zwischen 0 und 1 oder: Die Zukunft der Kommunikation, München 1997.

O. Roll: Marketing im Internet – Neue Märkte erschließen, München 1996.

S. Springer / G. Deutsch: Linkes Gehirn, rechtes Gehirn – Funktionelle Asymmetrie; 3. Auflage, Heidelberg 1990.

Der Autor

Jürgen Schlieszeit, geboren 1963 in Augsburg, ist Computer-Pädagoge, freier Journalist und Multimedia-Spezialist. Er studierte Geschichte, Germanistik und Medienpädagogik und legte das 1. Staatsexamen für das Lehramt ab.

Jürgen Schlieszeit arbeitet seit 1989 als freier Fachjournalist, Dozent und Berater im Bereich der Neuen Medien. Er veröffentlichte bis heute eine Vielzahl von Fachartikeln und hielt Vorträge zu diesem Thema.

Seine praktischen Erfahrungen bei der Umsetzung von marketingorientierten Multimedia-Anwendungen und kundenorientierter Arbeitsweise sammelte Jürgen Schlieszeit als mehrjähriger Geschäftsführer eines Multimedia-Dienstleistungsunternehmens.

Möchten Sie gerne Kontakt mit dem Autor aufnehmen, dann senden Sie ihm ein E-Mail unter juergens@augsburg.baynet.de oder schreiben Sie an:

Jürgen Schlieszeit
Postfach 1223
86383 Stadtbergen

Mehr Infos zu Multimedia und Internet ?

Einfach diesen FAX-Gutschein absenden an 0611-7878-441

Ja, ich bin interessiert an kostenlosen Informationen zu folgenden Büchern und Themen:

☐ Weitere Bücher zum Thema Neue Medien aus dem Gabler-Verlag mit Schwerpunkt

    ☐ Multimedia ☐ Internet ☐ allgemein

☐ 99 Profitips zum Thema „Internet-Einsatz im Unternehmen"

Bitte Adresse eintragen:

Vorname, Name:
Firma:
Straße, Hausnr.:
PLZ, Ort:

Ihre Meinung zu diesem Buch ist uns wichtig:

MIX
Papier aus verantwortungsvollen Quellen
Paper from responsible sources
FSC® C105338

If you have any concerns about our products,
you can contact us on
ProductSafety@springernature.com

In case Publisher is established outside the EU,
the EU authorized representative is:
**Springer Nature Customer Service Center GmbH
Europaplatz 3, 69115 Heidelberg, Germany**

Printed by Libri Plureos GmbH
in Hamburg, Germany